Karl Schenkl

Beiträge zur Kritik des L. Annaeus Seneca

Karl Schenkl

Beiträge zur Kritik des L. Annaeus Seneca

ISBN/EAN: 9783744643771

Hergestellt in Europa, USA, Kanada, Australien, Japan

Cover: Foto ©ninafisch / pixelio.de

Weitere Bücher finden Sie auf **www.hansebooks.com**

BEITRÄGE ZUR KRITIK

DES

L. ANNAEUS SENECA

VON

Dr. KARL SCHENKL

CORR. MITGLIEDE DER KAIS. AKADEMIE DER WISSENSCHAFTEN

WIEN

AUS DER K. K. HOF- UND STAATSDRUCKEREI

IN COMMISSION BEI KARL GEROLD'S SOHN, BUCHHÄNDLER DER KAIS. AKADEMIE DER WISSENSCHAFTEN

1864

Aus dem October-Hefte des Jahrganges 1863 der Sitzungsberichte der phil.-hist. Classe der kais. Akademie der Wissenschaften [XLIV. Bd., S. 3] besonders abgedruckt.

I.

Die sogenannte Apokolokyntosis ist, wenn auch die kleinste unter den Schriften des Seneca, doch gewiss ihrem Werthe nach nicht die letzte. Nicht blos, dass uns in ihr das einzige Beispiel eines libellus famosus aus dem Alterthume vorliegt, das noch dazu die anziehende Form der satura Menippea an sich trägt [1], sondern es gewährt auch dieses Werkchen einen ziemlichen Einblick in die

---

[1]) Vergl. Bücheler im Rh. Mus. XIV, S. 419 ff. und Baumstark, Phil. XVIII, S. 344 ff. Baumstark hat allerdings darin Recht, dass Bücheler in seiner Vergleichung der Varronischen Satura mit der Seneca's zu weit geht, besonders wenn er aus dem ludus des Seneca auf den durchschnittlichen Umfang der Varronischen Satura schliessen will. Aber andererseits ist es unzweifelhaft richtig, dass Seneca den Varro als Vorbild benützt hat und dass die Composition, die Behandlung, der Stil eine bedeutende Ähnlichkeit mit den Resten der Varronischen Dichtung offenbaren. Es liegt auch hierin ein Beweis für die Abfassung jener Saturen in Prosa mit eingewebten poetischen Stücken, welchen die Bemerkungen Röper's, Phil. XVIII, S. 443 nicht zu entkräften vermögen. Grund genug für die sehr bedeutenden Kritiker, die sich mit der Wiederherstellung dieser Bruchstücke befassen, dabei mit der grössten Behutsamkeit vorzugehen und ihnen, wo nicht sehr deutliche Spuren vorliegen, die metrische Form nicht willkürlich aufzudrängen. Dagegen hat Röper a. a. O. richtig bemerkt, dass es die altväterische Form mit ihrer gemüthlichen Breite war, was jene Dichtungen trotz ihres unleugbaren poetischen Werthes so bald dem Kreise der Gebildeten entfremdete. Baumstark hat gewiss Unrecht, wenn er S. 347 aus dieser Vernachlässigung folgern will, dass Varro in seinen Menippeen sich nicht nur nicht als genialer, sondern auch nicht einmal als wirklicher Dichter gezeigt habe.

Verhältnisse jenes Zeitalters und ist auch für die Beurtheilung der damaligen Stellung des Philosophen und seines Charakters von nicht geringem Werthe. Bedenkt man noch, dass es dem kleinen Gemälde durchaus nicht an Wahrheit und Leben fehlt, dass es in allen Einzelheiten mit scharfem, treffendem Witze ausgestattet ist, so kann man wahrlich nicht begreifen, wie man dieser Schrift Witz und Geschmack absprechen, sie des Seneca unwürdig erklären und schliesslich sogar an ihrer Echtheit zweifeln konnte [1]. Freilich eine vollständige Ehrenrettung des Seneca wird immer eine Unmöglichkeit bleiben; an den Hofmann, der sich geschickt den Verhältnissen anzupassen wusste, und wenn auch höher stehend als die meisten seiner Zeitgenossen, dennoch von den Lastern jener tief gesunkenen Zeit nicht frei geblieben war, darf man nicht den Massstab legen, der nach den in seinen philosophischen Schriften ausgesprochenen Grundsätzen erfordert würde.

Doch wir haben hier nicht die Aufgabe darüber zu sprechen, in wie weit dieses Buch als Kunstwerk einen gewissen Werth hat, und wie sich sein Inhalt mit Äusserungen in anderen Werken unseres Philosophen vereinigen lässt. Unser Zweck ist blos, eine sichere kritische Grundlage für den Text dieses Werkchens herzustellen und im Anschlusse an diese Untersuchung einige Beiträge zu seiner Emendation und Erklärung zu liefern.

Der Text dieser Schrift beruhte nämlich bis zur neuesten Zeit im Ganzen auf der editio princeps und wurde von den verschiedenen Herausgebern vielfach in eigenmächtiger Weise behandelt und umgestaltet. Eine sehr bedeutende Förderung erhielt er durch die freilich nicht ganz vollständige und genaue Collation des Sangallensis, welche Orelli in der epistola critica ad J. N. Madvigium (vor der Ausgabe des Orator, Brutus und der Topica des Cicero, Zürch, 1830, p. XLI—XLVII) mitgetheilt hat. Aber diese vortreffliche und in ihrer Art einzige Quelle fand in der sonst so verdienstvollen Ausgabe von Fickert nicht die verdiente Würdigung; noch weniger konnte die gleichzeitig mit dem dritten Bande der Fickert'schen

---

1) Vergl. Diderot, Essai sur les règnes de Claude et de Néron, Tom. I, p. 52 ff., II, p. 188; Ruhkopf opp. Sen. vol. IV, p. XXIV sq.: Fr. Lindemann, Emendd. ad Sen. ludum (Zittau, 1832), p. 3 sqq.; L. Schusler, Specimen lit. continens Sen Apocol. (Traiect. ad Rh. 1844), p. 9 sqq.

Ausgabe erschienene Recension von L. Schusler befriedigen, in welcher nicht selten die besten Lesearten vernachlässigt und an ihrer Stelle verfehlte Conjecturen in den Text aufgenommen sind. Mit richtigerem Tacte und grösserer Consequenz verfuhr der um Seneca hochverdiente Fr. Haase; er selbst aber fühlte recht wohl, dass mit seiner Recension die Sache nicht abgeschlossen sei und noch eine eingehende Behandlung des Gegenstandes erfordert werde, wie dies aus der Bemerkung in der Praefatio zum ersten Bande seiner Ausgabe p. VIII erhellt: „Ludum non ausus sum ad solos codices retustissimos Sangallensem et Valentianensem recensere, praesertim cum de illius scriptura aliquotiens non constet; pertinuit autem dubitatio mea non tam ad verba singula, quam ad totos locos, qui illis desunt; qua in re nolui media illa via ingredi, quam Fickertus elegit, qui cum plurimos ex illis abiiceret, alios tamen retinuit; scilicet nondum exploratum est, quae sit eorum origo et sitne omnium eadem, an habeant nonnulli fontem vetustiorem; quare quoniam tutum non erat omnes abiicere, satius visum est pariter omnes retinere uncis inclusos, quamvis probabile sit, eos nihil aliud esse nisi supplementa Nodotianis similia, seculo XV confecta, quae in paucis haud inficeta iudices, sed maximam partem frigida et sine idonea causa conficta“. Den hier gestellten Forderungen glauben wir nun vollständig entsprechen zu können. Wir wollen demnach zuerst über die editio princeps und die allmähliche Fortbildung der Vulgata sprechen und dabei den Beweis liefern, dass diese Einschiebsel fast durchaus nur jener Handschrift angehören, aus welcher die älteste Ausgabe geflossen ist; dann wollen wir eine genaue Collation des codex Sangallensis geben und nachweisen, dass er die älteste und reinste Quelle für den Text bildet und seine Lesearten daher vor allen anderen in Betracht gezogen werden müssen.

Wie schon früher bemerkt wurde, beruht die Vulgata auf der editio Romana (vgl. Ebert, allgem. bibl. Lexikon, S. 760, n. 20879), die wir, da sie Fickert in seiner Ausgabe nicht benützt hat (vergl. Praef. vol. III, p. IX), im Folgenden ausführlich beschreiben wollen. Sie ist, wie dies aus der Unterschrift der Vorrede erhellt, zu Rom im Jahre 1513 erschienen, umfasst 24 kleine Quartseiten und führt den Titel: „Lucii Annaei Senecae in morte Claudii Caesaris ludus nuper repertus“. Den Herausgeber lernen wir aus der Vorrede kennen, welche in Form einer Widmung abgefasst ist, mit der Aufschrift:

„Alberto Pio Carporum principi illustrissimo, Imp. Caesaris Maximiliani Augusti legato, C. Syluanus Germanicus salutem“ und der Unterschrift: „Romae quarto Nonas Augusti MDXIII“. An diese Dedication, die jenen Albertus mit ungemessenen Lobsprüchen erhebt, sonst aber nichts Bemerkenswerthes bietet, schliesst sich ein eben so unbedeutendes und nichtssagendes Epigramm, in welchem ein gewisser Mariangelus Accursius den Herausgeber und das neu aufgefundene Büchlein feiert. Nicht unwichtig aber ist die kurze Ansprache an den Leser, die p. 24 nach dem Texte folgt: „Qualem hunc mecum e Germania ludum attuli uisum est aedere atque impertire studiosis, ut nostrum est ingenium prodesse uelle plurimis. Quae autem mendosa uidebantur paucula pudore nostro non corrigimus, tum spatium ad exscribenda graeca quae desiderabantur linquimus: ut integrum sit bono cuique meliora et aducere et instaurare“. Daraus ergibt sich nämlich, dass die Handschrift, welche Sylvanus benützte, von ihm in Deutschland aufgefunden wurde, dass sie, wie auch die folgende Collation zeigen wird, statt der griechischen Stellen Lücken im Texte hatte, endlich dass sich der Herausgeber mit einem getreuen Abdrucke derselben begnügte, ohne sich auf eine Recension des jedenfalls sehr verderbten Textes einzulassen. Wir geben nun eine genaue Vergleichung dieser editio princeps mit dem Texte der Fickert'schen Ausgabe. Inscr. Lucii Annaei Senecae in morte Claudii Caesaris ludus. I, 1 caelo. — tertio eidus Octobris, Asinio Marcello Acilio Auiola Coss. Anno. — inicio. — uel] nec. — quaesierit. — si uoluero. — 2 exigit. — 3 Tamētsi. — autorem. — caelo. — 4 posteaquam] ex quo. — caelum. — ascendentem. — illi tam. — nuncio. — quid] quod. — affirmauit. — uidisset occisum. — quaecunque. — affero. — II, 1 hyems. — uisoque] iussoque. — 2 intelligo. — dies quintus eiusdem octobris. — tibi certam. — philosophos. — acquiescunt oneri poetae. — At] Jam. — cursu. — III, 1 de tribus. — eduxit. — femina. — pateris? Nunquam meritum, ut tam diu cruciaretur. Annus. — 2 Quid huic inuides. Et respondit: Patere. — postquam] ex quo. — errant. Horam. — ipsum natum putauit. Tunc ille. Fac. — faciundum. — 3 Cloto. — mehercle. — adiicere. — Hyspanos: Brytannos, Sauromatas et si qui ultra glacialem Boream incolunt barbari, togatos uidere. — tunc. — tres. — Badae. — 4 treis. — millia. — IV fufo. — Et] At. — subtegmine uellera. — assumpsere. — praecioso. — faelicia. —

implere. — distendunt] descendunt. — Titoni. — uultu. — lapsis] lassis. — aspicit. — Aspiciet. — Uultus et effuso. — annos donat, omnes (Lücke). Et ille. — et desiit uiuere. Expirauit. — Ue me. — Quid autem] Quod au. — concacauit. Nec post boletum opipare medicamentis conditum plus cibi sumpsit. V, 1 Quae postea in terris sunt acta. — excidant memoriae quae publicum gaudium impresserunt. — caelo. — acta sunt. — autorem. — 2 Nunciatur. — quendam. — assidue. — quaesisse cuius. — illum nescio] nescio. — intelligere. — 3 Juppiter. — totum orbem. — aspectu. — timuerit] domuerit. — belluis. — implicatam. — Diligentius autem intuenti. — 4 ait (Lücke). Ubi haec. Claudius. — hystoriis — ait (Lücke). Erat. — Homericus (Lücke). — VI, 1 Et imposuerat Herculi minimo discrimine fabulam nisi. — ipso tot. — annos uixi. — municipem audis. — a Uienna natus est. — coepit. — ego reddo tibi Lugduni. — ubi L. Licinius multos annos. — 2 Quod diceret. — intelligebat. — illos esse. — VII, 1 tu et desine. — excutiam, dicito. Et. — 2 exprime. — sed qua. — dicas] cluas. — occidas. — praefatu. — regna uidi tergemini longinqua. — imminens. — alluit. — 3 Nichilominus. — timet (Lücke). Claudius. — illicque non. — intelligi. — affuturum. — contulerim. — et diem] diem. — stercoris expurgare. — VIII Sed non miror quod impetum in curiam fecisti, quoniam uolo, nihil tibi clausi est. — uelis (Lücke) non potest esse (Lücke) stoicus. — preputio. — me Hercules. — celebrauit. Saturnalia eius princeps. — Illum deum a Joue qui quantum. — Syllanum generum. — Oro perque sororem. — quam quoniam omnes. — tantum] enim. — studere] stude. — inquis. — faciat ego nescio. — caeli. — nunc] hunc. — orant. IX, 1 Tandem. — Uolo seruetis. — existimauit. — in Calé. Julias. — homo quantum uia sua fert qui uidet. Is. — 2 non fero. — quam quae. — fama minimum fecit: et iam pestiferum quemque illum affectare. — non iure] non in rem. — qui (Lücke) aut ex his quos alit. — 3 Qui. — dedo — Sed] et. — noxios autoratos. — in nepote] Uicae potae. — numulariolus. — et uendere] uendere. — Ad hoc uelle. — ei] illi. — 4 Itaque in haec uerba censet. — ad diuum. — mortales. — sitque necesse e R. P. esse. — feruentia reparare. — 5 deus fiet. — metamorphoseos. — adiiciendam. — deinde si. — X, 1 Tum. — disseruit. P. C. uos. — uerbum me. — negocium. — Sed] et. — compescui. — ornaui. Et quid. — Messallae disertissimi. — 2 P. C. hic. — canis frustum abscidit. — de tot actibus iuris dicam. — deplorare] deflere. — illas] illa. — 3 Nam etiamsi (Lücke) Graece nesciat. — ego scio (Lücke). Iste. — rettulit. — duas auias suas proneptes. — alteram fame, alteram ferro. — Syllanum. — Juppiter. — an in tua certe mala uenit: si hic inter nos futurus est. Dic. — quenquam. — agnosceres. — hoc fieri solet in caelo? non fit. — XI, 1 Juppiter. — Uulcano, — fregit et in Lemnon caelo deturbauit: non extinxit. Iratus fuit. — nunquid. — Dii. — istud. — nescio quam. — occidisti. Iste C. Caesarem. — prosequi. — 2 hic generum. — C. Caesar. — Bassioniam: Assarion. — cupiat. Principes pietate et iustitia dii fiunt. Scilicet hic pius et iustus, quoniam Dryudarum perfidae gentis Gallicae immanem relligionem, a qua ciues submoueram, prorsus exstirpauit: ut Romae nuptiarum sacra essent, quibus ipse cum sibi Agrippina nuberet, XXX Senatoribus: innumeris Eq. Rom. mactatis: principium dedit. Hunc nunc. — diis. — uerba dicat. — 3 credet in eum? denique dum. — deos credet. — Summam rei. — durus. — 4 consocerum. — Syllanum. — Pompeium Magnum Antoniae ex Petina: L. Syllanum Octauiae ex Messallina: Socerum. — Messallinam uxorem suam et caeteros. — inueniri] iniri. — exportari caelo, intra dies XXX excedere. — terras] tertium. — ad inferos a caelo: unde. — quenquam. — XII impensa. — plenum] plane. — omnisque generis sonatorum. — conuentus. — tanquam. — habentes animam. — tanquam. — tum maxime. — Ingenti enim uoce (Lücke) cantabatur anapestis. — aedite. — fingite mugitus. — uulnere. — Moedi — Brytannos. — littora. — Brygantes. — cathenis. — ocius] citius. — caedet. — cedite. — uos in primis. — XIII, 1 Iniicit. — Taltibius. — nuncius. — compendiaria uia Narcissus libertus dominus domini. — balineo. — 2 dii. — praecedito inquit] inquit. — nuncia. — impulit. — quanuis. — uelut ait Oratius. — bellua. — subperturbatur: ut illum uidit canem nigrum. Nam albam canem in deliciis habere consueuerat: ille autem totus informis est: nec quem uelis. — 3 et magna: inquit: uoce Claudius Caesar uenit. Ecce extemplo cum plausu. — cantantes (Lücke) Hic erat Cos. desig. Junius. — Trallianus. — Heluius] M. Heluius. — Coriotectus: Ualens. — Fusidius. Eq. Ro. — noster] Mnester. — 4 Nec non Messallinam] Ad Messallinam. — Conuolarant primum. — liberti Myron: Ampyronas: Ampaeus: Pheronas: Possides hasta pura insignis, Felix cum Palante fratre: Harpocras: Polybius: quos omnes Claudius Quaestoriis

Praetoriisque muneribus ubi impertitus esset. — Ruffi us. — Luscus — Celerasinus. — 5 exclamat, quomodo. — XIV, 1 ante] ad. — siccariis. — recipit. — aedit. — Eq. Ro. CCCXV atque plures. Caeteros CCXXI (Lücke). Exterritus. — undecunque. — 2 P. Petronius] patronus. — uetat illum loqui. Altera. — ait (Lücke). Ingens. — attoniti. — unquam. — 3 si minus dii laturam fecissent. — nonunquam. — Sisiphum. — ullis] ulli. — unquam. — excogitare] constitui. — instituendum] excogitandum. — irritum. — spes sine fine effectus. — percusso. — tesseras semper. — XV Jam] Nam. — quoties. — Decoepere. — assiduo. — Irrita Sisiphio. — Apparuit. — C. Caesari illum Aeacus donat. Is. — abesset] esset.

Diese editio princeps ist nun wiederholt in der Ausgabe des Beatus Rhenanus (Basel, 1515, bei J. Froben), welches Büchlein nach dem Titel neben dem ludus L. Annaei Senecae de morte Claudii Caesaris nuper in Germania repertus cum scholiis B. Rhenani noch zwei andere Schriften, nämlich Synesius Cyrenensis de laudibus caluitii, Joanne Phrea Britanno interprete, c. schol. B. Rh. und Erasmi Roterodami Moriae Encomium cum commentariis Gerardi Listrii, trium linguarum periti, enthalten soll. Doch in dem mir vorliegenden Exemplare (62 Quartseiten) ist das letztgenannte Werkchen nicht zu finden. Aus der Widmung an Thomas Rappius, Badensis, liberalium artium professor, ersehen wir, dass Rhenanus bei dieser Ausgabe nur die Absicht hatte, das kürzlich aufgefundene Büchlein in aller Eile durch einige Anmerkungen, welche er aus Suetonius und Tacitus schöpfte, zu erläutern. Bei der Ergänzung der griechischen Stellen war er, da ihm keine Handschrift zu Gebote stand, auf blosse Vermuthungen beschränkt; und so kann es uns denn nicht Wunder nehmen, dass er nur einmal, nämlich IV, 5, wo er das Homerische „τίς πόθεν εἰς ἀνδρῶν“ κτλ. herstellte, das Richtige getroffen hat, die anderen Conjecturen aber sämmtlich verfehlt sind. Die Abweichungen vom Texte der editio princeps sind entweder Verbesserungen von Druckfehlern, wie I, 3 Tamen si, II, 2 philosophos, IV fuso u. dgl., oder Berichtigungen der Orthographie, wie I, 1 sacculi, 3 coelo, 4 quaecumque, III, 3 Clotho, Hispanos, Britannos u. ä., oder endlich Conjecturen an solchen Stellen, die Rhenanus als verderbt erachtete, wie I, 1 *tertium [1]), 2 *exegit, 4 qui] quod, certa claraque, V, 1

---

[1]) Die Stellen, wo Rhenanus die richtige Leseart hergestellt hat, sind mit einem Sternchen bezeichnet.

impressit, VII, 2 *Exprome, *sede qua, *profatu, VIII Oropenque, IX, 2 *non refero, pessimum] pestiferum, *in rem] iure, X, 3 amitas] auias, *cognosceres, XI, 3 *durius, 4 *Cyllenius, XII luctus] mugitus, *citius] ocius, XIII, 1 rectam, XIV, 3 *dilaturam (im Commentare vorgeschlagen), excogitari. Daraus ergibt sich nun, dass manches, was bisher als handschriftliche Leseart galt, nur auf einer Vermuthung des Rhenanus beruht. Zwei Monate nach dem eben besprochenen Buche erschien bei Froben die erste Ausgabe der Werke des M. und L. A. Seneca von Desid. Erasmus, welcher p. 608—629 jene Recension des Rhenanus fast ganz unverändert einverleibt ist. Denn ausser einigen orthographischen Abweichungen, wie IV precioso, XI, 4 Messalina, XIII, 4 Posides, Pallante, finden wir nur zwei Besserungen, nämlich VII, 2 genitum statt genitus und XIII, 4 richtig Ruffus statt Ruffius. Bedeutender sind die Veränderungen, welche der Text in der zweiten Ausgabe des Erasmus (Basel, Froben, 1529, p. 649 bis 669) erfahren hat. Denn obwohl Rhenanus auch diese Recension in aller Eile besorgen musste und daher die Lesearten des Weissenburger Codex und seine Conjecturen meistens nur in den Anmerkungen am Schlusse des Buches mittheilen konnte, so hat er doch eine Reihe von Stellen theils auf Grundlage jener Handschrift, theils durch eigene Vermuthungen zu emendiren gesucht. Derlei Veränderungen in dem Texte der ersten Auflage sind folgende: II, 2 Jam] At. — III, 2 illum unquam. — Tum ille. — faciendum. — 3 treis. — 4 At] Et. — *descendunt [1]). — dimitte. — *lassis. — *affuso. — annos de suo donat. — omnes χαίρειν (Lücke) Et. — et eo desiit uiuere uideri. — ante] autem. — V, 1 fides autem] fides. — 2 quaesisse se. — 3 totum orbem terrarum. — ait Τίς . . . τοκῆες; — VI, 1 cepit. — 2 illius. — *regna tergemini petens. — 4 *Augiae purgare. — VIII *Sed quoniam uolo. Non mirum, quod impetum in curiam fecisti; nihil tibi clausi est. — *ἐπικούρειος Θεός. — *οὔτε... παρέχει. — inquit mures. — IX, 1 *uidet ἅμα . . . ὀπίσσω. — 2 qui ἀ. κ. ἔδουσιν. — alit ζ. ἄρουρα. — 3 *dedi laruis. Sed. — *nouos. — Nicepolae. — Hic quaestu. — 4 Claudius diuum. — sitque

---

[1]) Diejenigen Veränderungen, welche Rhenanus ausdrücklich als Lesearten der Weissenburger Handschrift bezeichnet, sind durch ein Sternchen angedeutet. Doch beruhen, wie dies die Vergleichung der anderen Codices zeigt, weil mehrere derselben auf handschriftlicher Gewähr.

e. R. P. — *feruentia rapa (uorare) — metamorphoseis. — X, 2 Messallae Coruini. — hic, P. C. — *quam caueis excidit. — ille. — 3 Nam τῆς ὀργῆς aegre senescit ἡ νόσος, πυργοπολινίκης iste, quem. — XI, 1 *fregit quem ῥίψε . . . θεσπεσίοιο. Et iratus. — 2 Assarionem. — 3 credet? denique (om. *in eum). — deos esse credet. — 4 inferos a coelo. — XII aeneatorum. — enim ἐπιτάσει χορικῶς nenia cantabatur. — Brigantas. — XIII, 3 canentium turba Nestor. — 4 Nec non ad Messalinam. — exclamat (Lücke). Quomodo uos huc. — Caeteros CCXXI ὅσα . . . τε. — XIV, 2 poenae disputatum est. — 3 ulli. — pertuso. — semper tesseras. — XV Nam. Nach diesen Collationen kann man ohne Schwierigkeit die Entwicklung der Vulgata verfolgen und die Überlieferung von eigenmächtigen Besserungen unterscheiden.

So viel nun über die ältesten Ausgaben; wir gehen sofort zur Besprechung der Handschriften über. Dieselben stammen sämmtlich aus einem Codex, der sich, von den übrigen Werken des Seneca getrennt, in einer Miscellanhandschrift erhalten hatte. In derselben fand sich zwischen dem siebenten und achten Capitel eine bedeutende Lücke; sonst aber war der Text ziemlich rein und unverfälscht überliefert. Ein getreues Abbild dieses Stammcodex liefert der Sangallensis aus dem zehnten Jahrhunderte; in allen anderen Handschriften aber ist der Text durch Fehler aller Art, willkürliche Correcturen, eigenmächtige Umstellungen und mannigfache Interpolationen entstellt; auch sind die griechischen Wörter sehr verderbt oder sogar ganz weggelassen. Freilich sind von diesen Codices nur wenige näher bekannt, wie der Valentianensis (vgl. Fickert, praef. vol. III, p. VIII) [1]), der Guelferbytanus (ibid. p. IX), der Wissenburgensis des B. Rhenanus und die Handschrift, aus welcher die editio Romana geflossen ist; aus anderen sind nur einzelne und

---

[1]) Der Val. ist, wie seine Aufschrift (vergl. Fickert, p. VIII) und die Vergleichung der beiderseitigen Varianten zeigt, derselbe Codex, welchen Hadr. Junius öfters unter dem Namen liber St. Amandi citirt. Dabei ist es nicht uninteressant zu sehen, wie die Gelehrten jener Zeit ihre Handschriften benützten. Denn abgesehen davon, dass Junius eine gute Anzahl trefflicher Lesearten dieses Codex nicht anführt, finden wir in seinem Commentare mehrere Varianten verzeichnet, die nicht in dieser Handschrift vorkommen, sondern blos Conjecturen sind, z. B. I, 2 iurato res; VII, 2 sede qua; IX, 7 In tantum, 2 vivat; X, 3 soll in diesem Manuscripte „satis evidenter" geschrieben sein: „Nam etiamsi φόρμιγγος nescit, ego scio, ἐντόνως τὸ Καλλίνικε Ἡρακλῆς u. dgl.

zum Theile sehr unsichere Lesearten mitgetheilt, wie aus den eilf codices Parisini (vgl. Ruhkopf, Vol. IV, praef. p. XVII), bei denen Ruhkopf die flüchtigen Excerpte Bredow's in ganz ungehöriger Weise vermengt haben muss, die sechs libri des N. Faber, der cod. Tristilus des Dalechampius, die codd. Curionis [1]), Ruhkii, Lipsii und der Harlemensis des Gronovius, wobei wohl manche Handschrift doppelt gezählt sein mag [2]). Einige sind bisher nur dem Äussern nach bekannt, wie ein Venetus und vier Vaticani (vgl. Ruhkopf, p. XX). Alle diese Manuscripte gehören, mit Ausnahme des Valentianensis, der angeblich im neunten Jahrhunderte geschrieben sein soll, einer späteren Zeit, nämlich dem 13.—15. Jahrhunderte an. Dass sie gegenüber dem Sangallensis eine Familie bilden, möge aus folgendem Beispiel erhellen. Cap. III, 1 überliefert der Sang. richtig: „Quid huic et reip̄. (rei publicae) inuides? Im Val. ist jenes reip̄. durch ein Missverständniss in respondit verderbt (vgl. Orelli, Epist. crit. p. 44), was dann in allen anderen Handschriften die Umstellung: „Quid huic inuides? Et respondit“ und dann die Interpolation: „Tunc (Tum) ille“ in den codd. Parr. αabgh und der ed. Rom. nach sich gezogen hat. Doch steht in dieser zweiten Classe der Val. wieder für sich allein da und bildet eine eigene Species; so hat er z. B. c. VI, 1 mit Sang. die zwar verderbte, aber noch nicht weiter verfälschte Leseart minime fabro gemein, während in allen anderen Handschriften minime in minimo verwandelt und dann neben dem Einschiebsel discrimine noch Correcturen aller Art, wie fabros, febres, fabulam in den Text gesetzt worden sind.

Aber wenn auch der Val. dem Sang. am nächsten steht, so bleibt er doch an Reinheit des Textes weit hinter demselben zurück. Zwar hat auch dieser seine Fehler, wie II, 3 suam, III, 1 Num, IV stamine, V, 1 illuminari, respondisse se, VI, 2 debes multa (om. „et“) u. dgl., wo Val. überall das Richtige bietet; VII, 1

---

[1]) Was die Lesearten dieser Handschrift anbetrifft, so bemerkt Fickert (p. IX) nicht mit Unrecht „si fides haberi potest Curioni“. Denn dass der Codex IX, 1 In tantum (eine Conjectur des Junius); X, 3 duas Julias amitas suas (duas auias suas ed. Rom., duas amitas suas ci. Rhen.) u. dgl. wirklich in seinem Texte hatte, ist schwer zu glauben. Eben so unwahrscheinlich klingt es, wenn Dalechamp VI, 3 domuerit, Lipsius IV fecit et plena orditur manu, IX, 1 mera nupcialia in einer Handschrift gefunden haben will.

[2]) So ist z. B. der eine Codex des N. Faber wahrscheinlich kein anderer, als der Par. B, da beide III, 1 die gleiche Leseart bieten: „nec unquam tam cruciatus esset“.

(Exprome) hat Guelf. die echte Leseart erhalten, während Sang. und Val. „Exprime“ überliefern; ja auch die ed. Rom. hat an manchen Stellen das Ursprüngliche bewahrt, wie z. B. I, 3 agantur, XIV, 3 ueteranis, wo im Sang. aguntur und ueteribus gelesen wird. Aber mit Ausnahme solcher im Ganzen wenig bedeutender Fehler gibt der Sang. den reinsten Text, die richtigste Wortstellung und überliefert auch die griechischen Stellen in ziemlicher Correctheit. Wir geben nun im Folgenden eine genaue Collation dieser wichtigen Handschrift mit der Fickert'schen Ausgabe, woraus sich ergeben wird, dass Orelli gar Manches übersehen und Einiges unrichtig als Leseart des Codex angeführt hat. Derselbe, n. 569, im zehnten Jahrhundert auf Pergament in Quartform geschrieben, ist eine Miscellanhandschrift. Er enthält nämlich 1. eine uita S. Ambrosii; 2. Uita S. Siluestri Papae; 3. Passio S. Miniatis martyris; 4. Passio S. Alexandri Papae; 5. Uita S. Nicolai Myrae; 6. Passio B. Uictoris et Ursi; 7. Homelia in festo eorundem; 8. altera passio eorundem; 9. p. 243—251 unsere Apokolokyntosis, die mit ihrem unheiligen Inhalte wenig in solche Gesellschaft passt; endlich einige Gebetsformeln und Recepte. Was die Schreibweise anbetrifft, so finden sich nur wenige und zwar die ganz gewöhnlichen Compendien; ae ist bald ausdrücklich geschrieben, bald durch ę oder blosses e bezeichnet; die Assimilation der Präpositionen ist überall beobachtet, z. B. affirmauit, assidue, imminens, compendiaria u. dgl. Nicht selten ist die Verwechslung von v und b, z. B. iuuet statt iubet, oder von d und t, z. B. inquid statt inquit. An einzelnen Stellen trifft man Correcturen über den Zeilen, die aber sämmtlich von derselben Hand herrühren.

Inscr. Diui Claudii incipit ΑΠΟΘΗΟCΙC Annei Senecę per satiram. I, 1 caelo. — octobris. — saeculi. — nec offense. — 3 querite. — caelum. — celo aguntur. — 4 celum. — affirmauit. — quae tum audiui. — certa. — II, 1 suam. — cinthia. — hiemps. — bacho. — 2 octuber. — octo-b. — cetam (corr. certam). — filossofos. — poete. — conuenti. — phębus. — III, 1 cępit. — eximium (corr. exitum). — Num. — seducit. — unquam („nec“ supra lin.). — diu] dirus. — esset] cesset. — rei p̃. — 3 inquid. — grecos. — bade. — 4 inquid. — tres. — circumfuso. — IV stamine. — comes. — subtemine (corr. -na). — moderata (corr. moderanda). — Assumpsere. — implere. — letus. — cytharam. — Saecula prestabit. —

aspicit. — Aspiciet. — fecid (corr. fecit). — ΧΑΙΡΟΝΤΑΥCΕΥΦΗΜΟΙ (corr. Υ) ΝΤΑΙCΕΚΗΕΙΝΔCωΕω. — expirauit. — ue me. — concauani. — concauauit. — V, 1 que. — que. — quendam. — illuminari. — assidue. — quesisse. — respondisse se. — grecum. — note. — 3 iuppiter. — qui totum. — aspectu. — timuerit. — implicitam (corr. -catam). — 4 greculo. — ΤΙCΗΟΘΗΝΕΙCΑΝΔ (Ρ supra lin.) ωΝΗΟΙΗΗΟΑΙCΗΔΕΤΟΚΗΕC. — filologos. — ΙΑΙΟΘΕΝ. — ΚΙΟΝΕCCΙ. — ΕΓω] ἐγών. — VI, 1 fabro] uafro. — tum illo. — caeteros. — luguduni. — coepit. — luguduni. — 2 lugudunenses. — debes multa. — iuuebat. — manu] unum. — VII, 2 Exprime. — sed qua. — capud. — potens] petens. — imminens. — foebus. — ΛΛωΡΟΥΠΑΙΙΓΙΝ. — rome sibi parem. — non haberes eodem gratię. sterquilino. — hercule. — si qui. — notoreim. — nominaturis (corr. -rus). — contulerim. — quod] quos. — uideris (corr. -earis). — auge. — VIII Nach uolo kein Zeichen einer Lücke. — clausi. — ΕΗΙΚΟΥΡΗΟC. — ΕΧΙΕ] ἔχει. — capud. — mense in toto. — celebrauit saturnalia eius princeps. — non tulisset illum deum abionem qui quantum quidem in illos fuit. — incesti siluanum. — per quid. — quero. — Romae, inquis. — caeli. — brittania. — nunc] hunc. — ΜΟΡΟΥΕΥΕΙΛΑΤΟΥΓΥΧΗΙΝ. — IX, 1 morentibus. — existimauit. — designatur. — k̄l.] Kal. — consul] Cos. — quantum uia sua fert qui. — ΠΡΟCCΟ. — 2 uulgo. — iam famam mimum. — ΑΡΟΥΡΗCΚΑΡΗΔΟΥCΙΝ. — auᵥ] aut („v“ in ras.). — 3 senatus consultum. — nicę pote filius. — nummariolis (corr. -lus). — questu. — uelle. — 4 mortales sapientiam. — e rēp. — ueruenti (corr. feruenti). — uti diuus. — ut iam te eum. — moetamorfosis. — ouidi. — adiebat. — X, 1 grauorem (corr. grauiorem). — 2 indignatione. — om. „a me“. — sententiam: Pudet imperii. — hec referam. — sormea graece. — ΕΝΤΥCΟΝΤΟΝΥΚΝΝΑΙΗC. — om. „senescit“. — pronepotes. — iuppiter. — si accuos futurus es dic. — antequem (corr. -quam). — caelo. — XI, 1 iuppiter. — ΘΕCΤΟΤΟ] θεσπεσίοιο. — dii. — 2 c. crassi filium uefuit. — tristionias. — om. „Cogitate — cupiat“. — 3 gṛessi. — nulla (corr. nulli). — clarius] durius. — 4 grassum. — dare. — caelo inter. — ad inferos a coelo. unde negant. — XII, 1 tubicinum. — senatorum] aeneatorum. — conuentus. — tanquam. — et tenebris. — reuiuescerent. — ΜΕΓΑΛωΧΟΡΙΚω nenia. — anapestis. — Die nun folgenden Verse sind als monometri anapaestici geschrieben. — om. „fingite luctus“. — illicitato. — celeris. —

uulnere. — fugicis (corr. fugacis). — Brittannos. — qui non alius. — Potuit („t“ in ras.). — Saepe neutra. — Cretea. — maiestis. — fritillo. — XIII, 1 talthibius. — compendiaria. — balineo. — 2 om. „Ille — inpulit“. — oratius. — om. „sese — excutiens“. — pusillum perturbatur sub albam. — ΕΙΡΗΚΑΜΕΝϹΥΝΧΑΙΡωΜΕΝ. — Hic erat c̄. consilius consul. — uiniu („s“ s. l.) praetorius. — sex. trallus. — tettius (tectius?) ualens. — fabius eques R̄. — miron, arporas, ampheus. — pheronaotus. — nec ubi imparatus. — rofius (corr. rufius) pomfilius. — saturninus lusius. — Quomodo huc uenistis uos? — stellas. — XIV, 1 eacii. — querebat. — suscriptionem. — R. Cl.] R. CC. — om. „exterritus — defenderet“. — 2 eacus. — et illum] illum. — ΑΙΚΕΤΤΑΙϹΤΑΕΡΕΞΑϹΑΙΚΗΕΥΟΙΑΤΕΝΟΗΟ. — attoniti. — magis iniquum. — poene. — 3 si uni diu laturam. — succurretur (corr. succurreretur). — om. „non unquam — releuari“. — ueteribus. — irritum. — spes] species. — om. „fine et“. — figientes. — XV missurus fratrę sonante. — sisyfio. — apperuit. — producere. — eaco donatis Menandro. Subscr. Diui Claudii explicit apotheosis Annei Senecae per saturam.

Es wird nun unsere Aufgabe sein zu zeigen, welcher Gewinn für die Herstellung des Textes aus dieser Collation zu ziehen ist, wobei wir uns aus den schon früher bezeichneten Gründen an die Ausgabe von F. Haase anschliessen wollen. Zugleich werden wir einige Stellen, die in allen Handschriften verderbt überliefert sind, zu emendiren suchen.

Schon bei dem Titel der Schrift begegnen uns Schwierigkeiten. Mit Ausnahme des Sang. führen nämlich alle anderen Codices die Aufschrift: „L. Annaei Senecae ludus de morte (oder in mortem) Claudii“ mit dem Beisatze Caesaris oder Neronis, welche aber dem Inhalte des Buches in keiner Weise entspricht. Denn die wenigen Worte über den Tod des Claudius bilden nur eine Einleitung zu dem eigentlichen Inhalte des Werkchens, nämlich zur Schilderung dessen, was bei der Ankunft des Claudius im Himmel erfolgte (vgl. Schusler, prooem. p. 8 sqq.). Viel passender ist der Titel, welchen der Sang. in seiner inscriptio und subscriptio bietet, nämlich „Diui Claudii apotheosis“, und derselbe müsste auch unbedenklich angenommen werden, wenn uns nicht bei Dio Cassius l. LX, c. 35 eine dritte Aufschrift überliefert wäre. Συνέθηκε. so heisst es dort, *μὲν γὰρ καὶ ὁ Σενέκας σύγγραμμα, ἀποκολοκύντωσιν αὐτὸ ὥσπερ τινὰ* ἀπαθανάτισιν ὀνομάσας. Was nun dieses Wort anbetrifft, so kann es, wie die Analogie und schon das daneben stehende ἀπαθανάτισις zeigt, nur die Verwandlung in einen „Kürbis“ bezeichnen, und zwar muss hier κολοκύντη (κολόκυντος), wie dies schon Heinsius richtig bemerkt hat, offenbar als Sinnbild der Dummheit gebraucht sein. Während nämlich sonst bei Vergötterungen dem Volksglauben zufolge die Seele des Verstorbenen in einen hellglänzenden Stern überging, wie man denn das Erscheinen eines Kometen bei der Consecration Cäsars in solcher Weise deutete [1]), so würde hier spottweise einer so herrlichen Erscheinung die Verwandlung der Seele des blöden Claudius in einen faden, geschmacklosen Kürbis gegenübergestellt. An einen Irrthum von Seiten des Dio ist schwerlich zu denken; aber eben so unwahrscheinlich ist es auch, dass jene Aufschrift im Sang. auf einer willkürlichen Erfindung beruht. Unter solchen Verhältnissen darf man wohl die Vermuthung wagen, dass die Schrift einen doppelten Titel, nämlich einen lateinischen „Diui Claudi apotheosis“ und einen griechischen „Ἀποκολοκύντωσις“ führte, welcher durch seinen Contrast mit dem ersteren eine komische Wirkung hervorbringen sollte. Dann wäre es auch begreiflich, dass sich in der Stammhandschrift blos der lateinische, bei Dio blos der griechische Titel erhalten hätte [2]). Nach dieser kurzen Erörterung gehen wir nun zu den einzelnen Stellen über.

I, 3 bietet der Sang. „Ab hoc ego quae tum audiui“, und so wird wohl auch im Val. stehen, obwohl Öhler hierüber nichts bemerkt hat, da Guelf. „Ab ego quem tu audiui“, Wiss. „Ab hoc ergo quae tum audiui“ überliefern. Dafür hat man nun bisher die Leseart der ed. Rom. „quaecumque audiui“, welche eine blosse Correctur zu sein scheint, im Texte beibehalten. Aber jenes „quae tum audiui“ wird sich wohl mit Rücksicht auf die Worte: „Hunc si interrogaueris, soli narrabit“ ganz gut rechtfertigen lassen: „Was ich damals, als er mir allein die Sache erzählte, von ihm erfuhr“.

II, 1 wäre mit Fickert die Leseart des Sang. Val. Guelf. cod. Cur. „iussoque“ statt „uisoque“, was Haase aufgenommen hat, in den

---

1) Vergl. Ovid. Met. XV, 846 (mit der Anmerkung Burmann's); Verg. Ecl. IX, 47; Georg. I, 32; Hor. Od. I, 12, 47; Luc. I, 46. Auf diesen Volksglauben spielt auch unser Schriftsteller deutlich an IX, 5 „eamque rem ad metamorphosis Ouidi adiciendam“.

2) Vergl. Bücheler im Rh. Mus. XIV, S. 420.

Text zu setzen. Denn einmal ist an iussoque, das mit Beziehung auf regnum im Vorhergehenden gewählt zu sein scheint, nichts auszusetzen; sodann beruht uisoque blos auf der Gewähr der ed. Rom. und vielleicht eines oder des anderen Pariser Codex [1]); endlich ist wohl eher daran zu denken, dass iussoque in uisoque, als dass uisoque in iussoque verwandelt wurde.

IV, 4 schreibt Haase: „Nimis rustice adquiescis. nunc [adeo] omnes poetae u. s. w., was freilich eher eine Interpolation, als eine Emendation sein dürfte. Viel einfacher ist es wohl, mit Ruhkopf nach rustice ein Ausrufungszeichen zu setzen, dabei aber die Leseart der besten Handschriften „omnes“ statt der Correctur der ed. Rom. „oneri“ festzuhalten. Dann steht acquiescunt nachdrücklich dem transibis im Folgenden gegenüber.

III, 1 lesen wir in allen Handschriften, mit Ausnahme der ed. Rom., in welcher die überlieferte Leseart willkürlich emendirt ist: „nec unquam tam diu cruciatus esset“. Die Conjectur Orelli's (Epist. crit. p. 44), die auch Fickert und Schusler in den Text gesetzt haben „nec unquam tam dirus cruciatus cesset“, entspricht wohl dem Sinne, weicht aber doch zu viel von dem überlieferten Texte ab. Leichter ist die Vermuthung Haase's „nec — exiet“; dagegen bleibt es fraglich, ob man sich exire so ohne alle nähere Bestimmung gebraucht denken kann. Daher möchte ich eher dem Vorschlage des Junius: „nec unquam tandem cruciatus cesset“ beipflichten, der dem Sinne wie den Zeichen der Überlieferung in gleicher Weise entspricht. Im Sang. ist nec über der Zeile geschrieben; wollte man darauf ein Gewicht legen, so könnte man sich vielleicht: „nemo u. t. diu cruciatus est“ als die ursprüngliche Leseart denken; doch ist dies kaum wahrscheinlich.

V, 3 wird man mit Sang. „qui totum“ statt des gewöhnlichen „quia totum“ herstellen müssen. Dieselbe Vermuthung hatte schon Q. Sep. Flor. Christianus (vgl. Sen. opp. Paris. 1627, p. 959) ausgesprochen. Eben daselbst sind die Worte: „ut qui etiam non omnia monstra timuerit“ unzweifelhaft verderbt. Die Handschriften bieten sämmtlich die gleiche Leseart, mit Ausnahme des cod. Dalecamp.,

---

[1]) Denn dass alle codd. Parr., wie Ruhkopf angibt, „uisoque“ bieten sollen, ist schwer zu glauben, und daher hat auch Fickert diese Angabe mit einem Fragezeichen begleitet.

der angeblich domuerit im Texte hat. Dies haben nun Douza, Faber und Lipsius aufgenommen und neuerdings auch Lindemann, Emendd. p. 8 gebilligt. Fickert empfiehlt: „ut qui tantum n. o. monstra domuerit", Gronov mit ziemlich weit gehender Änderung: „utcumque etiam Junonia monstra domuerit". Aber nach dem vorausgehenden perturbatus est erwarten wir eher einen begründenden als einen concessiven Satz; der Gott, der sich auf Erden genug geplagt hat und nun im Himmel der Ruhe geniessen will, erschrickt bei dem Gedanken, dass ihm auch hier noch neue Mühen drohen sollen. Hiefür spricht auch der folgende Satz und besonders der Schluss desselben: „putauit sibi tertium decimum laborem uenisse". Aus demselben Grunde muss ich mich auch gegen Haase's Vorschlag: „ut quem iam non omnia monstra timuerint" erklären, zudem würde derselbe auch sonst dem Sinne wenig entsprechen. Viel passender ist die Vermuthung von Orelli: „ut qui etiam noua Junonia (oder Junonis) monstra timuerit", die dem Sinne nach vollkommen befriedigt, sich aber zu sehr von dem Buchstaben der Überlieferung entfernt. Daher dürfte es gerathener sein, mit leichter Änderung zu schreiben: „ut qui etiam nouicia monstra timuerit". Da nämlich omnia in den Handschriften häufig abgekürzt „oĩa" geschrieben und ausserdem nouus und nonus öfters verwechselt wird, wie denn auch in unserer Schrift I, 1 cod. Wiss. nono statt nouo bietet, so kann man wohl annehmen, dass nouicia durch ein Versehen in nouoĩa verderbt wurde.

VI, 1 ist homini, das auch im Sang. fehlt und seinen Ursprung blos einer Conjectur des Junius verdankt, aus dem Texte zu entfernen. Eben daselbst wird die Form Lugudunі besonders durch die Rede des Claudius gerechtfertigt, wo sich nach Alph. de Boissieu (vgl. Tac. opp. ed. Orelli, ed. II, vol. I, p. 341 ff.) col. 2, lin. 29 Luguduno geschrieben findet. Einige Worte später hat Haase die Conjectur des Rhenanus „Munatii" in den Text aufgenommen, was ich nicht zu billigen vermag. Denn mir scheint es vielmehr glaublich, dass Seneca hier einen damals lebenden Menschen, vielleicht von der Sorte des Augurinus (III, 4) bezeichnen wollte und dass „municeps" hier in der Bedeutung von: „Landsmann" zu nehmen ist. Dass wir nicht weiterhin bestimmen können, wer dieser Marcius gewesen, darf uns nicht befremden, da wir ja auch über den früher erwähnten Augurinus nichts Näheres anzugeben wissen.

Endlich mag noch bemerkt werden, dass in demselben Paragraphe wohl Licinus statt Licinius zu schreiben ist, worüber nach der Erörterung bei Madvig Opusc. acad. alt. p. 202 ff. kein Zweifel obwalten dürfte [1]).

VI, 2 berichtet Orelli (Epist. crit. p. 45) fälschlich, dass cod. Sang. „et" vor „ad hoc" auslasse. Da nun in den Worten „ad hoc unum satis firmae" nur eine nähere Bestimmung des vorausgehenden „solutae" enthalten ist, so bietet die Verbindung durch „et" keinen Anstoss dar.

VII, 3 darf die handschriftliche Leseart ΛΛωΡΟΥ kein Bedenken erregen; denn VIII, 3 ist eben so im cod. Cur. μωροῦ in ΛΛωΡΟΥ verderbt. Weiterhin gibt Fickert in seinem Commentare fälschlich an, dass Sang. mit Val. Guelf. die Wortstellung sibi Romae parem überliefern, da Orelli in seiner Collation richtig: „Romae sibi parem" verzeichnet. Und dies wird ohne Bedenken aufzunehmen sein, da die nachdrückliche Stellung von Romae ganz passend jener von illic im Folgenden entspricht. Endlich ist noch die Variante sterquilino im Sang. sehr beachtungswerth; auch Phaedr. III, 12, 1 findet sich diese Nebenform sterquilinum.

VII, 5 hat man die sinnlose Überlieferung der Handschriften „contulerim" nach einer Vermuthung des Gothofredus in „pertulerim" umgeändert, was freilich sehr zweifelhaft ist. Da nämlich con häufig abgekürzt c̄ geschrieben wurde, so ist es nicht selten durch ein Missverständniss Verben vorgesetzt worden, und es könnte somit wohl tulerim die ursprüngliche Leseart sein. Im Folgenden könnte vielleicht doch die Leseart von Sang. Val. Guelf. „quod" statt der in der ed. Rom. überlieferten „quos" beibehalten werden; quod würde sich dann natürlich auf den ganzen vorhergehenden Satz beziehen. — Zwischen diesem Capitel und dem folgenden muss, wie schon früher bemerkt wurde, ein bedeutendes Stück ausgefallen sein. Der einfache Hercules lässt sich von Claudius bereden, und zwar um so mehr, als er sich selbst einmal in einer ähnlichen Lage befunden hat, und es daher für ihn nur erwünscht sein kann, seine Stellung im Olymp durch andere neu aufgenommene Götter zu kräftigen (vgl. IX, 6 qui uideret ferrum suum in igne esse, und später: mea res agitur). Mit raschem Entschlusse dringt er in Begleitung seines

[1]) Auch Suet. Aug. 67 hat Roth nach der Vermuthung des Torrentius „Licinus" statt des überlieferten „Licinius" hergestellt.

Schützlings in die Curie ein; hier aber treten ihm, wie es scheint, mehrere Götter entgegen, die sein Vorgehen missbilligen und ihn mit herben Worten angreifen, bis endlich Jupiter dazwischen tritt und Frieden stiftet. Die erhaltenen Reste dieser Scene scheinen, wie aus der folgenden Darstellung erhellen dürfte, blos die Rede eines Gottes zu enthalten. Wer aber der Sprecher ist, das lässt sich durchaus nicht enträthseln. Man hat an Momus gedacht; aber da Seneca sonst lauter italische Gottheiten auftreten lässt, so ist diese Vermuthung sehr unwahrscheinlich.

VIII, 1 wird doch das „clausi“ des Sang. dem „clusi“ im Val. und Guelf. vorzuziehen sein. Im Folgenden haben Fickert und Haase nach dem Vorgange Gronov's die handschriftliche Leseart beibehalten, wornach die Worte: οὔτε αὐτὸς κτλ. ohne alle Verbindung an das Vorhergehende angeschlossen werden. Aber dies gibt jedenfalls einen schiefen Sinn, da man als Subject von ἔχει dem Zusammenhange nach eher Claudius als Ἐπικ. θεὸς ergänzen wird. Desshalb hat Fromond „ὅς οὔτε“ vorgeschlagen, was ich nicht billigen kann, da mir die Verknüpfung des Satzes durch ein griechisches Wort bedenklich erscheint. Eher liesse sich daran denken, dass die ursprüngliche Leseart „is enim οὔτε κτλ.“ lautete; is enim (isem̃ geschrieben) konnte leicht nach dem vorausgehenden esse ausfallen. Warum ferner Haase ἔχει τι statt des überlieferten ἔχει (denn etwas Anderes ist auch in der Corruptel des Sang. EXIE nicht enthalten) geschrieben hat, ist nicht recht abzusehen; denn auch bei Diog. Laert. X, 31, 139 lautet der Satz: τὸ μακάριον καὶ ἄφθαρτον οὔτε αὐτὸ πράγματα ἔχει οὔτε ἄλλῳ παρέχει. Endlich noch einige Worte über die Stelle: „quomodo potest rotundus esse, ut ait Varro, sine capite, sine praeputio“. Wir haben hier ein Fragment aus einer Menippeischen Satura, und zwar, wenn man eine Vermuthung aussprechen darf, aus jener, die den Titel Γνῶθι σεαυτόν führte (vgl. Vahlen Coni. in Varr. Sat. Men. rel. p. 49 ff.). Varro spottete daselbst in ganz ähnlicher Weise, wie Seneca selbst Epist. 113, 22 über die theologischen Lehrsätze der Stoiker und insbesondere über ihren runden Gott, der natürlich weder ein caput, noch ein praeputium haben könne. Dem Varro gehören die Worte: rotundus, sine capite, sine praeputio an[1]). Diese benützt nun Seneca, um daran den

---

1) Vgl. Phil. XVIII, S. 410.

beissenden Witz zu knüpfen: „Est aliquid in illo Stoici dei, iam uideo: nec cor, nec caput habet". Indem er nun so indirect andeutet, dass es dem Claudius an einem praeputium nicht gefehlt habe, womit er auf dessen Ausschweifungen in der Wollust anspielt (vgl. Suet. Claud. 33, Dio Cass. 60, 2, 6), bezeichnet er zugleich dessen μετεωρία und ἀβλεψία (vgl. Suet. Claud. 39).

VIII, 2 ist in alle Handschriften das Glossem „Saturnalia eius" eingedrungen, über dessen Entstehung der Sang. Auskunft gibt. Da nämlich ursprünglich durch ein leichtes Versehen „mense in toto anno" geschrieben war, so wird es begreiflich, dass man zu celebrauit ein Object verlangte und daher Saturnalia eius einschob. Auch im Folgenden scheint sich in der corrupten Leseart des Sang. „non tulisset illum deum abiouem qui (abioueq̃) quantum", wofür Haase mit Recht die Conjectur Gronov's: „non tulisset illud, nedum ab Joue, quem quantum" in den Text aufgenommen hat, ein Rest der ursprünglichen Überlieferung erhalten zu haben. In demselben Paragraphe hat man in neuerer Zeit allgemein die Conjectur von Lipsius „Oro propter quid" statt des überlieferten „Oro per quid" angenommen, und es lässt sich nicht leugnen, dass propter (ꝓpter geschrieben) leicht in per verderbt werden konnte. Aber auch per quid dürfte sich rechtfertigen lassen; man vergleiche Hand, Tursell. IV, p. 445, 11. Die folgende Stelle hat vielfache Erklärungen und Vermuthungen hervorgerufen, auf die wir hier nicht weiter eingehen wollen. Wir begnügen uns damit, selbst einen Vorschlag zur Lösung der Schwierigkeiten beizubringen, indem wir, theilweise nach dem Vorgange von Lipsius, schreiben: „Quare, inquis: quaeso enim, sororem suam . . .!", was wir so wiedergeben würden: Du sagst: Warum? Bedenke doch, seine Schwester (hielt er einer Gattinn gleich). Daran schliesst sich ganz gut der Satz: „Stulte, stude! Athenis dimidium licet, Alexandriae totum", dessen Sinn ist: Thor, forsche doch nach, in Athen ist es zur Hälfte erlaubt, in Alexandria unbedingt. Weiterhin schreiben wir mit Sang.: „Quia Romae, inquis. Mures molas lingunt. Hic nobis curua corriget?" d. h. Weil zu Rom, sagst du (die Sache nicht erlaubt ist). Die Katze lässt das Mausen nicht. Der wird uns das Krumme gerade machen. Das muss offenbar der Sinn jenes Sprichwortes sein, wie dies schon daraus erhellt, dass in der Batrach. v. 29 eine Maus unter dem Namen Λειχομύλη eingeführt wird, welcher ohne Zweifel den vorangehenden Ψιχάρπαξ und Τρωξάρτης gleichkommt [1]). Daran schliesst sich nun trefflich: „Quid in cubiculo suo faciat nescio“, womit keineswegs, wie Schusler meint, der Ehebund des Claudius mit Agrippina bezeichnet sein kann, da dies der ganzen Tendenz der Schrift widersprechen würde. Vielmehr bezieht sich dies auf das Verhältniss des Claudius zu seiner Nichte Julia, von welchem Dio Cass. 60, 8, 5 berichtet: *αὕτη* (Messalina) *μὲν γὰρ τὴν Ἰουλίαν τὴν ἀδελφιδῆν αὐτοῦ, ὀργισθεῖσά τε ἅμα ὅτι μήτε ἐτιμᾶτο ὑπ' αὐτῆς μήτε ἐκολακεύετο, καὶ ζηλοτυπήσασα ὅτι περικαλλής τε ἦν καὶ μόνη τῷ Κλαυδίῳ πολλάκις συνεγίγνετο, ἐξώρισεν, ἐγκλήματα αὐτῇ ἄλλα τε καὶ μοιχείας παρασκευάσασα, ἐφ' ᾗ καὶ Σενέκας ὁ Ἄννιος ἔφυγεν, καὶ ὕστερόν γε οὐ πολλῷ καὶ ἀπέκτεινεν αὐτήν.* Es ist ganz bezeichnend, dass Seneca den Verdacht der Buhlschaft, dessenwegen er unter der Regierung des Claudius so lange im Exile schmachten musste, auf den Cäsar selbst zurückzuwerfen versucht. Gleich darauf hat Haase trefflich „et iam“ statt „etiam“ geschrieben, wie er denn auch am Schlusse richtig *μωροῦ εὐιλάτου τυχεῖν* hergestellt hat. Vielleicht wäre noch zu schreiben: „colunt ut deum et orant“, wodurch erst ein befriedigender Sinn hergestellt würde.

IX, 1 ist ut ausser Klammern zu setzen, da es im Sang. Val. Guelf. überliefert ist. Überdies hat Haase richtig „tandem“ statt tantum, dicere non licere (nach dem Vorgange Faber's) und im folgenden Paragraphe uiuat statt iuuat hergestellt.

IX, 3 hat man allgemein die Vermuthung Orelli's: „Jam, fama, mimum fecisti“, welche sich auf die Leseart des Sang. „iam famam mimum fecisti„ und die Emendation von Rhenanus „iam fama mimum fecit“ begründet, in den Text aufgenommen. Haase hat wohl später seine Zustimmung widerrufen, indem er in der Praefatio zu Vol. III, p. XXV bemerkt: „magis nunc placet sic scribere: iam fana [2]) mimum fecistis“. Vielleicht ist aber doch die Leseart des Sang. mit einer kleineren Änderung „iam famam mimum fecistis“ beizubehalten, wenn man sie so erklärt: „Ihr habt durch eure allzu grosse Freigebigkeit es dahin gebracht, dass der Ruf, unter die Götter aufgenommen zu sein, zu einer reinen Farce herabgesunken ist“.

---

[1]) Vgl. Plaut. Pers. I, 2, 6 Quasi mures semper edere alienum cibum.

[2]) Fana hatte schon Q. Sep. Flor. Christianus vorgeschlagen (p. 959).

IX, 4. Wir kommen nun zu einer offenbar verderbten Stelle, die aber in leichter Weise zu heilen ist. Es sind dies die Worte: „Proximus interrogatur sententiam Diespiter, Uicae Potae filius". Was hier der Diespiter, der Licht- und Schwurgott (vgl. Preller, röm. Myth. S. 218 ff.), thun soll, und wie dieser dazu kommt, ein Sohn der Uica Pota zu heissen, hat noch keiner der Herausgeber zu erklären vermocht. Die Uica Pota (vgl. Preller, S. 609) war eine Art Glücksgöttinn. Wie nun bei Phaedr. IV, 12, 5 Plutus der Sohn der Fortuna genannt wird, so kann an unserer Stelle nur Dispiter oder Dis pater entsprechen, wofür schon der Umstand spricht, dass dieser Name gewöhnlich mit diues in Zusammenhang gebracht wurde; man vergleiche Cic. N. D. II, 26, 66 terrena autem omnis uis atque natura Diti patri dedicata est, qui Diues, ut apud Graecos Πλούτων, quia et recidant omnia in terras et oriantur e terris. Denn obwohl eigentlich Diespiter, Dispiter und Dis pater ein und dasselbe Wort sind, wie dies schon Varro l. l. V, 66 richtig erkannte, so schied sie doch der Sprachgebrauch dahin, dass Diespiter den Lichtgott, Dispiter und Dis pater den Herrscher der Unterwelt bezeichnete. So heisst es in dem Bruchstücke aus dem Euhemerus und Ennius bei Lactantius Div. Inst. L. I, c. 14 „Pluton Latine est Dispiter" und auch an der eben erwähnten Stelle des Varro dürfte nach den Spuren der Handschriften „Idem hic Dispiter dicitur" herzustellen sein. Eben so muss nun auch an unserer Stelle geschrieben werden. Für den Dispiter passt es ganz gut, dass der Autor ihn als Sohn der Uica pota, als designatus consul numulariolus bezeichnet und hinzufügt, er befasse sich gleich seinem Schützlinge damit, Bürgerrechte um Geld an Fremde zu verkaufen. Denn eine Capelle dieses Gottes war neben dem Altare vor dem Saturnustempel, also in der Nähe des Marktes, gelegen (vgl. Preller, S. 412), so dass derselbe gewissermassen die Aufsicht über den Markt mit dem Saturnus theilte.

X, 1 hat Haase statt des überlieferten „sententiae suo loco dicendae": „s. causa l. d." geschrieben, offenbar weil ihm dieser Dativus des Zweckes befremdlich erschien und er ihn durch kein entsprechendes Beispiel zu belegen wusste. Obwohl nun auch ich keine vollkommen gleiche Stelle aufzuweisen vermag, so bieten sich doch so viele Analogien dar (vgl. Krüger, §. 366), dass ich Bedenken trage, die Überlieferung zu ändern. Sodann würden wir „suo" sehr ungern vermissen. Augustus wartet ruhig ab, bis an ihn, den Letzten, die Reihe gekommen ist; man vergleiche im unmittelbar Folgenden: „uos testes habeo, ex quo deus factus sum, nullum me uerbum fecisse“ und XI, 4 „si honeste me inter uos gessi“.

X, 2 sind die Worte: disertissimi uiri, welche auch der Sang. hat, ausser die Klammern zu setzen. — X, 3 hat Haase die Leseart des Val. Guelf. und anderer Handschriften „quam canis excidit“ in den Text aufgenommen, worin ich nur eine Correctur der ursprünglichen, im Sang. erhaltenen Leseart: „quam canis adsidit“ erkennen kann. Aber schwerlich wird dies, wie Schusler meint, so einfach zu nehmen sein, sondern es ist wohl eher hier ein derber Witz zu erwarten, so dass man „ad cacandum“ in Gedanken ergänzen muss. Wie sich ein Hund ohne weitere Umstände niedersetzt [1]), so machte auch er keine Umstände, wenn es galt, einen Menschen zu verurtheilen.

Eine der verderbtesten Stellen in dem Schriftchen sind die Worte X, 3 Nam etiamsi sormea Graece nescit, ego scio ENTYCONTONYKNNAIHC, deren Besserung nur die älteren Herausgeber, freilich ohne Erfolg, versucht haben, während die neueren sich blos damit begnügten, die Stelle als corrupt zu bezeichnen und ihre Heilung einem „feliciori ingenio“ zu überlassen. Obwohl wir nun keineswegs auf ein solches Anspruch machen, so wollen wir doch, selbst auf die Gefahr hin einen Missgriff zu thun, eine Emendation dieser Stelle versuchen. Was nun zuerst das Wort Graece anbelangt, so hat Fromond, wie mir scheint, richtig bemerkt, dass es eine Anmerkung eines Abschreibers sei, der in seiner Handschrift ein griechisches, ihm unverständliches Wort fand und dasselbe, wie dies häufig geschah, in lateinische Zeichen übertrug. Jenes sormea aber (denn so liest der Sang., nicht formea oder Phormea, wie die übrigen Handschriften) dürfte aus „ὁ μωρὸς ea“ entstanden sein. Nehmen wir an, dass in dem Stammcodex OMOPOCea geschrieben stand, so kann dies leicht in sormea verderbt worden sein [2]). In den folgenden griechischen Zeichen scheint ein Satz enthalten zu sein, der das vorausgehende ego scio bekräftigte, etwa mit dem Sinne: „Es ist mir

---

[1]) Für den Hund gilt nämlich das bei Tage, was Aristophanes seinen Blepyros Eccl. 321 sagen lässt: ἥ πανταχοῦ τοι νυκτός ἐστιν ἐν καλῷ.

[2]) Für den Gedanken vgl. XI, 1 Nescio inquis? Di tibi malefaciant: adeo istuc turpius est, quod nescisti quam quod occidisti.

wohl im Gedächtniss". Daher vermuthe ich, dass die Worte eine Anspielung an den Homerischen Vers: μὴ δή τοι κεῖνός γε λίην ἐνθύμιος ἔστω enthielten und ursprünglich lauteten: „ἐνθύμιον τὸ κείνου λίην", was von den Zeichen der Überlieferung nicht allzu stark abweicht. Übrigens kann man sich nicht genug verwundern, wie in allen neueren Ausgaben hinter jenen griechischen Zeichen noch immer das Wort „senescit" erscheint, das doch in keiner Handschrift überliefert ist und rein der abgeschmackten Conjectur des Rhenanus: „Nam τῆς ὀργῆς aegre senescit ἡ νόσος. Πυργοπολινίκης iste" seinen Ursprung verdankt. Daraus hat sich nun die ganz willkürliche Textgestaltung gebildet, welche zuerst in der Ausgabe des Muretus erscheint und dann in alle folgenden übergegangen ist.

X, 4 berichtet Fickert fälschlich, dass cod. Sang. „si aecuos futurus est" überliefere, da Orelli in seiner Collation richtig „si aec. f. es" verzeichnet. Und diese Leseart kann auch beibehalten werden, wenn man nur eine entsprechende Interpunction einführt und also schreibt: Uideris, Jupiter, an in causa mala (eum occiderit oder damnarit); certe in tua, si aequus futurus es. Dic mihi" etc. Dadurch sind wir der Conjectur Fickert's: „Uideris . . . mala, certe in tua sit aequus futurus, et dic mihi", welche auch Haase aufgenommen hat, überhoben.

XI, 3 sind die Worte: Cogitate, P. C., quale portentum in numerum deorum se recipi cupiat", welche im Sang. Val. Guelf. fehlen und von demselben Interpolator, wie die unmittelbar folgenden Sätze „Principes . . . dedit" herrühren, aus dem Texte zu entfernen.

XI, 5 haben Fickert und Haase die ältere Schreibweise und Interpunction: „Crassum, frugi hominem, tam similem" etc. beibehalten. Doch mit der Erklärung, die Fromond gibt „ad Crassi cognomen alludit; vocabatur enim Crassus Frugi" wird man sich schwerlich zufrieden stellen können. Es ist offenbar zu schreiben: „Crassum Frugi, hominem tam similem etc., vgl. Suet. Claud. 17.

XII, 1 lesen wir im Sang. „tubicinum", während die anderen Handschriften „tibicinum" überliefern. Ersteres entspricht ganz gut dem folgenden „cornicinum"; auch werden die tubicines" nicht selten bei Leichenbegängnissen erwähnt, vgl. Kirchmann de funeribus Romanorum l. II, c. 4, p. 135 ff., wo noch Gell. XX, 2, 3 erwähnt werden konnte. Wir sehen, dass also auch hier der Sang. die ursprüngliche Leseart erhalten hat. Eben daselbst haben alle Handschriften senatorum, mit Ausnahme der ed. Rom., in welcher sonatorum überliefert ist. Obwohl nun dieses Wort sich sonst nicht belegen lässt, so ist es doch der Analogie nach gebildet und entspricht auch ganz den Zeichen der Überlieferung. Ich würde daher kein Bedenken tragen, es mit Sonntag der Conjectur des Rhenanus aeneatorum vorzuziehen und in den Text zu setzen.

XIII, 2 ist die Leseart balineo im Sang. beachtungswerth.

XIII, 4 ist mit Sang. und den übrigen Handschriften „ueniet" zu schreiben, wie dies auch Fickert gethan hat. Orelli berichtet fälschlich, dass im Sang. uenit et gelesen werde.

XIII, 6 muss nach Sang. „Quomodo huc uenistis uos?" geschrieben werden.

XIV, 1 überliefert der Sang. mit den anderen Handschriften „equites R. CC., ceteros CCXXI ὅσα" κτλ., mit dem einzigen Unterschiede, dass die Zeichen CC in Cl. verderbt sind. Der Schreiber scheint hierin eine Abkürzung für Claudius gesehen zu haben, wie schon daraus erhellt, dass er den ersten Buchstaben, wie er es bei Personennamen zu thun pflegt, mit Roth auszeichnete. Die Stelle ist offenbar entweder verderbt oder lückenhaft. Ersteres ist viel wahrscheinlicher; da nämlich die Abschreiber bei ceteros eine bestimmte Zahl vermissten, so übertrugen sie die Ziffer CCXXI nach ceteros und schoben eine niedrigere Zahl (CC) nach equites R. ein. Ich würde daher kein Bedenken tragen, die Conjectur des Rhenanus equites R. CCXXI, ceteros ὅσα κτλ. aufzunehmen.

XIV, 3 ist die Wortstellung des Sang. „magis iniquum" statt „iniquum magis", wie die anderen Handschriften lesen, im Texte herzustellen. In demselben Paragraphe hat Haase, theilweise nach dem Vorgange des Curio, „si unius diei dilaturam fecissent" geschrieben, was mehr einer Interpolation als Emendation gleichen dürfte. Im Sang. ist „si uni diu laturam fecissent" überliefert, was sich mit Junius leicht in „si uni dilaturam f." emendiren lässt. Der Sinn ist: Einige meinten, wenn man einmal von dem strengen Gebote abweichen und nur einem von den ewig Verdammten, Erlösung gewähren wolle, dann werde Tantalus verdürsten, falls man ihm nicht zu Hilfe käme, und dann müsse man doch einmal dem Rade des unseligen Ixion einen Hemmschuh unterlegen. Endlich können wir es nicht billigen, dass Haase in demselben Paragraphe die interpolirte Leseart: „alicuius cupiditatis speciem sine fine et effectu“ aufgenommen hat; denn die Worte „fine et“ fehlen im cod. Sang. und mit richtigem Urtheile hat schon Fromond, ohne von der Leseart des Sang. etwas zu wissen, in fine eine Dittographie, entstanden aus dem vorhergehenden sine, erkannt. Zugleich könnte man auch die Leseart aller Handschriften „spes“, wie Schusler richtig erkannt hat, gegenüber der Conjectur von Scheffer „speciem“ festhalten. Der Sinn ist: Hoffnungen, die aus irgend einer Begierde entstehen, ohne je ihre Erfüllung zu finden.

Wir haben nun noch über die zahlreichen Interpolationen, an welchen die Vulgata unserer Schrift leidet, zu sprechen und, so weit dieses möglich ist, ihren Ursprung zu erforschen. Dieselben zerfallen in zwei Hauptclassen. Einige derselben haben nämlich die Aufgabe, die Darstellung auszuschmücken, einzelne historische Thatsachen zur Erklärung beizubringen und den Zusammenhang zwischen den kurzen, oft nur lose verbundenen Sätzen näher zu vermitteln. Die anderen sind mehr dazu bestimmt, grammatische Fügungen zu ergänzen, oder sind ganz willkürliche Correcturen des verderbten Textes, welcher dem Abschreiber vorlag. Wir müssen bei dieser Gelegenheit nochmals an das erinnern, was wir schon oben bemerkt haben, nämlich dass wir nur von vier Handschriften ausreichende und genaue Collationen besitzen, während aus den anderen nur einzelne Lesearten bekannt sind. Obwohl nun bei solchen Verhältnissen eine vollkommen endgiltige Entscheidung nicht möglich ist, so kann man doch mit sehr grosser Wahrscheinlichkeit behaupten, dass die Handschriften der bei weitem grössten Zahl nach von den Interpolationen der ersteren Classe frei sind und dieselben, so viel man bis jetzt sehen kann, sich meistentheils blos auf den Codex, aus welchem die ed. Rom. geflossen ist, und vielleicht noch den cod. Cur. beschränken. Es scheint somit im XIV. oder XV. Jahrhundert irgend ein homo doctus, der mit den Biographien des Suetonius und den Satiren des Juvenalis bekannt war, eine Überarbeitung des Textes vorgenommen zu haben, die sich dann in einigen Exemplaren fortgepflanzt hat.

Zu der ersteren Classe gehören folgende Interpolationen:

I, 1 Asinio Marcello, Acilio Auiola coss., genommen aus Suet. Claud. c. 45. Die Worte fehlen im Sang. Val. Guelf. cod. Parr. α a b, cod. Trist. (Dal.) und finden sich sicher nur in der ed. Rom. — III, 3 Sauromatas et si qui ultra glacialem boream incolunt barbari, nur auf Gewähr der ed. Rom., während Sang. Val. Guelf. Wiss. die Stelle nicht haben. Als Vorbild konnte dem Interpolator vielleicht die Stelle Sen. Diall. I, 4, 14 dienen. — IV, 3 nec post boletum opipare medicamentis conditum plus cibi sumpsit, ausser der ed. Rom. noch im cod. Cur., der angeblich nach „concacauit" hinzufügt „plus cibi sumpsit", während Sang. Val. Guelf. Wiss. diese Stelle nicht enthalten. Genommen sind sie, wie dies schon Fromond erkannte, aus Suet. Claud. 44 und Juv. Sat. V, 146—148 Uilibus ancipites fungi ponentur amicis, Boletus domino; sed quales Claudius edit Ante illum uxoris, post quem nil amplius edit. — IX, 3 etiam pestiferum (pessimum ist nur eine Conjectur des Rhenanus) quemque illum affectare, nur in ed. Rom., nicht in Sang. Val. Guelf. Wiss. — XI, 1 (fregit) et in Lemnon caelo deturbauit, non extinxit, nur ed. Rom., während Sang. Val. Wiss. richtig fregit quem ... θεσπεσίοιο dafür lesen. Es ist dies ein kecker Versuch, die Lücke auszufüllen, die statt der griechischen Worte in der Handschrift vorlag, wie sich eine solche Lücke auch im Guelf. findet. — XI, 3 Cogitate, P. C., quale portentum in numerum deorum se recipi cupiat. Principes pietate et iustitia dii fiunt. Scilicet hic pius et iustus, quoniam Dryudarum perfidae gentis Gallicae immanem relligionem, a qua ciues submoueram, prorsus exstirpauit: ut Romae nuptiarum sacra essent, quibus ipse, cum sibi Agrippina nuberet, XXX Senatoribus: innumeris Eq. Rom. mactatis principium dedit. Dieses ungeschickte Machwerk ist aus Suet. Claud. 25 und 29 zusammengesetzt, wobei noch zu bemerken ist, dass der Interpolator an der letzteren Stelle in seinem Texte eine falsche Interpunction, nämlich: Die ipso Claudii et Agrippinae nuptiarum in quinque et triginta senatores etc. vor sich hatte. Daraus erklärt sich jene sonderbare Nachricht, dass Claudius seinen Hochzeitstag mit einem solchen Gemetzel feierte. Was die Anzahl der gemordeten Senatoren anbetrifft, so wich der Interpolator desshalb von Suetonius ab, um nicht mit unserem Autor (XIV, 1) in Widerspruch zu gerathen. Dieses Einschiebsel beruht allein auf der Gewähr der ed. Rom., im Sang. Val. Guelf. Wiss. ist es nicht zu finden. — XI, 5 (Pompeium Magnum) Antoniae ex Petina: (L. Syllanum) Octauiae ex Messallina kommt eben so blos in der ed. Rom., nicht in den genannten vier Codices vor; als Quelle ist leicht Suet. Claud. 27 zu erkennen. — Älter als die bereits erwähnten Interpolationen ist XII, 2 fingite mugitus (denn luctus ist nur eine Conjectur des Rhenanus), welches in der ed. Rom. Guelf. Wiss. vorkommt, aber in Sang. Val. cod. Cur. fehlt. — Die nun folgenden Einschiebsel dominus domini und Ille autem patrono plura blandiri uolebat. Quem Mercurius iterum festinare iussit et uirga morantem impulit (XIII, 2), sese mouens uillosque horrendos excutiens (XIII, 3), womit auch eine bedeutende Umarbeitung der folgenden Stelle verbunden ist, Caesar und Ecce extemplo (XIII, 4) dienen nur dazu, die Darstellung auszuschmücken und einzelne Stellen durch lebhafte Farben hervorzuheben. Sie haben durchaus die ed. Rom. zur einzigen Gewähr und fehlen im Sang. Val. Guelf. Wiss. — XIII, 5 Possides hasta pura insignis, Felix cum Palante fratre ist aus Suet. 28 entnommen und dabei die vorangehende Stelle überarbeitet; ebenso ist im folgenden quaestoriis praetoriisque muneribus aus Suetonius eingefügt und necubi imparatus esset in ubi impertitus esset verändert worden. Alle diese ἐμβλήματα finden sich blos in der ed. Rom., während die oft erwähnten vier Codices davon frei sind. — XIV, 1 lesen wir in der ed. Rom. die Worte: Exterritus Claudius oculos undecumque circumfert, uestigat aliquem patronum, qui se defenderet, die nichts anderes als ein ausmalender Beisatz sind und in Sang. Val. Guelf. Wiss. fehlen. — Noch eine Interpolation findet sich XIV, 3 non unquam Sisyphum onere releuari, welcher Satz gar nicht in die Construction passt und offenbar dem im folgenden Capitel vorkommenden Verse: Irrita Sisyphio uoluuntur pondere collo seinen Ursprung verdankt. Auch hier ist die ed. Rom. die einzige Gewähr, während die vier Handschriften die Worte nicht enthalten.

Aus allen diesen Angaben können wir nun folgende Schlüsse ziehen: So weit wir die Handschriften kennen, finden sich von diesen Einschiebseln nur zwei in anderen Codices, alle übrigen aber allein in der ed. Rom. Der Bearbeiter des Textes, wie er uns in dieser Ausgabe vorliegt, benützte hauptsächlich den Suetonius, um aus dessen uita diui Claudi an geeigneter Stelle einzelne Nachrichten einzuschieben; ja er übertrug sogar einzelne Ausdrücke hie und da in seinen Text, wie er denn z. B. XI, 2 aus Suet. Claud. 29 consocerum statt socerum geschrieben hat. Wo seine allerdings beschränkte Wissenschaft ausreichte oder wo ihm der Text leicht Gelegenheit bot, suchte er Lücken der Handschrift, die besonders da vorkamen, wo eine griechische Stelle im Texte stehen sollte, möglichst zu verbergen; man vergleiche XI, 1 und XIII, 6, wo die Worte: quomodo nos huc uenistis unmittelbar an exclamat angeschlossen sind. Die beiden Codices Sang. und Val., welche dem X. Jahrhunderte angehören, sind von allen diesen Einschiebseln frei, und da die anderen Handschriften sämmtlich aus dem XIII.—XV. Jahrhunderte stammen, so kann man die Zeit, wo diese ἐμβλήματα entstanden sind, im Allgemeinen angeben. Der Herausgeber der ed. princeps ist nicht der Urheber dieser Interpolationen, um so mehr als aus seinem Nachworte erhellt, dass er blos einen Abdruck besorgte, ohne sich um die Emendation des Textes zu kümmern.

Die Einschiebsel der zweiten Classe wollen wir nur kurz bezeichnen. Es sind folgende: III, 1 meritum ut (ed. Rom.); III, 2 Tunc (Tum) ille (ed. Rom. codd. Parr. α a b g h), worüber wir schon gesprochen haben; V, 2 (respondisse) illum (ed. Rom.); V, 4 Ubi haec (ed. Rom.), welche Worte, wie Orelli Epist. crit. p. 45 erkannt hat, aus dem letzten Worte des vorhergehenden griechischen Verses TOKHEC entstanden sind; VI, 1 discrimine (alle codd. mit Ausnahme von Sang. Val.): VII, 1 dicito (ed. Rom.); VII, 2 regna uidi (ed. Rom.); VIII, 2 Saturnalia eius (in allen Handschriften), dessen Ursprung wir oben erklärt haben; X, 2 a me (alle Handschriften, mit Ausnahme des Sang.); X, 3 frustum (ed. Rom, cod. Cur.); X, 4 suas (ed. Rom.), inter (ed. Rom. Guelf.); XI, 4 in eum denique (ed. Rom.); XI, 6 a (e) caelo (alle Handschriften) [1]); XII, 2 uoce (ed. Rom.); XIII, 2 uia (ed. Rom.), praecedito (ed. Rom.); XIV, 2 loqui. Wir sehen also, dass auch die kleineren Glosseme sich grösstentheils blos in der ed. princ. finden und der cod. Sang. am meisten davon frei ist [2]).

II.

Im cod. Sang. 878, einer Miscellanhandschrift, welche im Jahre 821 geschrieben ist und unter Anderem das berühmte von J. Grimm

---

[1]) Statt dieses offenbaren Einschiebsels hat man seit Gothofredus mit Ergänzung des Catullischen Verses (III, 12) „illuc unde“ etc. geschrieben. Vielleicht dürfte es doch gerathener sein, statt eines förmlichen Citates eine einfache Anspielung anzunehmen und blos unde negant etc. zu lesen.

[2]) Die Verbesserungsvorschläge, welche W. Wehle im Rhein. Mus. XVII, S. 622 ff. mittheilt, scheinen mir sämmtlich unbegründet. Gleich am Eingange befremdet uns die Bemerkung, dass im cod. Valentianensis die älteste Überlieferung dieser

herausgegebene Runenalphabet enthält, findet sich fol. 348—350 ein Bruchstück des 120. Briefes von Seneca, nämlich die §§. 1—14

Satura vorliege, da man doch, wenn man den Sangallensis mit dem Valentianensis unbefangen vergleicht, schwerlich daran zweifeln kann, dass ersterer die Hauptquelle bildet. Oder man möge doch nachweisen, was der Valentinanensis vor dem Sangallensis nur irgend voraus hat, und dann in Betracht ziehen, worin er ihm offenbar nachsteht. Warum weiterhin c. 10 pudet, wie im Sang. überliefert ist, unpassend sein soll, ist nicht abzusehen; im Gegentheil sind gerade die Worte: pudet imperii als der Ausdruck des höchsten Unwillens im Munde des Messalla ganz bezeichnend. Vergleicht man nun das unmittelbar Vorhergehende: „omnia infra indignationem verba sunt“, so wird man wohl eher pudet als pertaedet erwarten, wie Wehle vorschlägt, und müsste vielmehr das letztere, wenn es überliefert wäre, als matt und frostig bezeichnen. Übrigens lässt sich ganz gut begreifen, wie pudet in praecidet verderbt werden konnte. Cap. 11 sollen die Worte ad inferos gestrichen werden; dieselben sind allerdings befremdlich, wenn man mit den neueren Herausgebern Hinc — quemquam schreibt; dass dies aber seine Bedenken hat, ist schon oben bemerkt worden. Eben so werden c. 6 die Worte iusserat illi collum praecidi als eine müssige Wiederholung bezeichnet. Es ist hiebei übersehen, dass diese Worte mit dem nächstfolgenden Satze zu verbinden sind und wir so zwei coordinirte Sätze haben, während der erstere subordinirt sein sollte. Cap. 4 wird die seit Orelli aufgenommene Leseart des Sang.: „fecit illud“ beanstandet und dafür „fecit filum“ vorgeschlagen, was schon an und für sich bedenklich wäre. Übrigens weisen die Worte „Haec Apollo“ so bestimmt auf das vorhergehende: „Ne demite Parcae, Phoebus ait“ zurück, dass die Beziehung des illud nicht zweifelhaft sein kann. Cap. 11 schlägt der Verfasser einen doppelten Ausweg vor, nämlich die Leseart des Sang. clarius entweder in acrius zu emendiren oder auch ungeändert beizubehalten. Letzteres bedarf eigentlich keiner Widerlegung; was aber acrius anbetrifft, so weicht es von dem Buchstaben der Überlieferung noch mehr ab als die Conjectur des Rhenanus durius, die auf der Leseart der ed. princ. und des cod. Guelf. „durus“ beruht. Cap. 15 wird der Vers: „Lusuro similis semper semperque petenti“ als unecht erklärt; denn einmal sei die Bezeichnung lusuro similis unpassend, da ja Claudius eben ein lusurus sei, sodann sei das absolut gesetzte petenti befremdlich. Aber lusuro similis ist sehr bezeichnend gesagt und deutet das an, was oben c. 14 gesagt worden ist „alicuius cupiditatis spes sine effectu“; zu petenti aber ergänzt sich leicht aus dem unmittelbar vorhergehenden mittere talos das entsprechende Object. Cap. 3 wird nec . . . dimittam beanstandet und dafür ne . . . dimittam vorgeschlagen. Kann denn aber nec nicht für atque non stehen? Vgl. Hand, Tursell. IV, p. 103. Endlich billigt noch Wehle den Vorschlag von Bücheler, Rhein. Mus. XIV, S. 447, wornach c. 5 die Worte aeque Homericus als eine Glosse beseitigt werden sollen, und bemerkt, dass ihn die Vertheidigung Baumstark's, Phil. XVIII, S. 543 ff., nicht überzeugt habe. Wir hingegen erklären uns mit der zweiten Interpretation Baumstark's vollkommen einverstanden: „es war aber der darauf folgende Vers wahrer, welcher eben so homerisch ist, wenn doch homerisch geantwortet werden sollte“. Der Autor verspottet nämlich durch uerior das Ἰλιόθεν in dem vorhergehenden Verse und deutet an, dass Claudius viel eher von seinen massenhaften Hinrichtungen, als von seiner vorgeblichen Abkunft aus dem Geschlechte des Aeneas sprechen sollte, wobei sich dann für ihn, den Ὁμηρικώτατος, eben jener Vers am treffendsten darböte.

(omnium animos). Obwohl nun dieses Fragment kaum einen nennenswerthen Beitrag zur Kritik des Textes darbietet, so ist es doch nicht ohne Interesse, eine Handschrift von diesem Alter kennen zu lernen, um den Zusammenhang der einzelnen Codices näher bestimmen zu können. Was die Schreibweise anbetrifft, so findet man immer e statt ae, adicere, tamquam, numquam geschrieben; die Assimilation der Präpositionen kommt selten vor, z. B. collatio, dagegen gewöhnlich inponunt, adtendere u. dgl. Wir geben nun die Collation dieses Bruchstückes mit der Fickert'schen Ausgabe. Eine Aufschrift findet sich in dem Manuscripte nicht. §. 1 aliquid. — hoc de diuitiis. — §. 2 inter istas. — om. „bonum". — §. 3 scientiae non scientiam dedit. — nos innocentiam. — obseruatione collegisse. — §. 4 puto in ciuitatem suam redeundum. — §. 5. facta. — Pyrri. — cauere. — §. 7 donec inuoluit ingenti. — legitque se. — §. 8 eiusmodi facta. — om. „nobis". — et contrario, — §. 9 om. „coepimus". — adnotare ut quis. — §. 10 laudamus. — ac (corr. „et") priuata. — et in his. — §. 12 consortia. — §. 13 Hoc qualecumque inquit est. — habemus operam. — §. 14 om. „fecit".

Darnach kann man nun den Schluss ziehen, dass das Exemplar, aus welchem dieses Bruchstück abgeschrieben ist, den besseren Handschriften der Epistulae morales angehörte. Die Varianten stimmen am meisten mit dem Palatinus 869 (II, vgl. Fickert Vol. I, Praef. p. XXIV) überein, so §. 1 aliquid, in sordida usque, 2 om. „bonum", 4 cogitauimus, 5 cauere, 7 et iam diu, legitque, 8 obtulere, dann die Lesearten, welche zwar nicht ausdrücklich aus dem Palatinus angeführt werden, aber doch höchst wahrscheinlich in demselben zu finden sind, wie §. 3 nostri intellectum, 6 in hostes nefas. Gemeinschaftlich mit cod. Ottob. 2090 (σ, vgl. Fickert p. XXV) hat er die Varianten §. 3 obseruatione, in ciuitatem suam redeundum (σ liest verderbter in ciuitate suum rediendum), 10 deesse et in his und 13 habemus. Vereinzelt sind §. 1 hoc de diuitiis (ed. Rom. 1475, vgl. Fickert p. XXVII), 5 facta (Bamberg. n. 1088, vgl. Fickert p. XX), 8 eiusmodi (in den codd. Vat. αγδζ, vgl. Fickert p. XXIII). Eigenthümlich hat die Handschrift nur drei Lesearten, nämlich §. 3 scientiae, non scientiam dedit, was allerdings gut angehen würde, aber doch nur eine Correctur zu sein scheint, 8 imaginem ostendere om. „nobis", worin aber der Codex schwerlich Glauben verdient, da er auch sonst nicht selten Wörter auslässt, z. B.

coepimus, fecit, 13 Hoc qualecumque inquit est, wo aber die Wortstellung in den anderen Handschriften ohne Zweifel vorzuziehen ist [1]).

III.

Unter den kleineren Schriften des Seneca befindet sich auch eine Sentenzensammlung, die man gewöhnlich mit dem Titel „liber de moribus“ bezeichnet. Diese Aufschrift findet sich erweislich erst im XII. Jahrhunderte (vgl. Vinc. Bell. Spec. hist. IX, 102), kann aber ursprünglich nicht so gelautet haben; denn die beiden Sangallenses, von welchen wir gleich sprechen werden, haben als Überschrift einfach liber Senecae ohne jeden weiteren Beisatz. Dass uns nun hier keine Schrift des Philosophen selbst vorliegt, hat man schon frühzeitig erkannt. Der cod. Vratislaviensis IV aus dem XIV. Jahrhunderte, den Haase benützte (vgl. III, p. XX), hat von jüngerer

---

[1]) Bei dieser Gelegenheit sei bemerkt, dass sich in der Bibliothek des Metropolitancapitels zu Prag eine Pergamenthandschrift in Kleinfolio (L, 94) befindet, welche dem eilften Jahrhunderte angehört und ausser den Quaestiones naturales des Seneca noch das Buch Hermetis Trismegisti Asclepius enthält. Der Text der Quaestiones naturales stimmt im Ganzen mit dem Bambergensis n. 1089 (vgl. Fickert, Vol. III, Praef. p. VI), seltener mit dem Guelferbytanus n. 765 (vgl. Fickert, Vol. I, Praef. p. XX) überein. Wir geben als Probe eine Collation von 13 Paragraphen des Prologes, wobei wir die mit dem Bamb. übereinstimmenden Lesearten durch ein Sternchen bezeichnen. Inscr. Prologus Annee Senece Cordubensis in librum de naturalibus quaestionibus ad Lucilium. §. 1 phylosophiam (so immer). — *et illam quae. — *et pulchrius. — *om. „tantum“. — celo. — 2 *ambigua uitae in quae uolutamur caliginem excedit. — an et ad nos. — 3 *om. „enim“. — minus est liber aut potens. — cibum. — impleatur. — et mortem. — 4 colluctamur. — *portenta superamus. — quod suspicimus. — inter uires interest. — compositus. — turpiter spargens. — 5 nichil. — affectamus. — consortium deo. — consumator. — om. „omni“ ante „malo“. — *om. „seruat. — auaricie. — 6 contempnere. — *aere fulgentia. — *diriuata. — *mari et ea parte qua exstat. — *aut adustum. — 7 histrum. — *exeat Istmium samotraces. — eufrates. — arenarum multa. — illam unam. — 8 *Certe si illam ut magnam sustuleris. — *sub multis ire. — lateribus effusum. — *in quo regnatis colitis et minime cum illis („colitis“ Bamb. m. 2). — occeanus incurrit. — 9 leuis ac. — *alter crescit. — om. „uelut“. — 10 sed interest ut suis. — ostendit. — *quo cursus. — descendit. — 11 *Quamdiu quaerit. — littoribus hyspaniae. — spacium. — impleat uentus. — 12 *om. „demum“. — omnia et opus suum intra. — 13 *pars melior. — neque tispositius. — *aeris ac terrae uicina. — *contigit. Bei der eben nicht grossen Anzahl von Hilfsmitteln, die uns für die Texteskritik der Quaestiones naturales zu Gebote stehen, dürfte eine Vergleichung dieser Handschrift vielleicht nicht ohne Werth sein.

Hand die Anmerkung: „Non est hic dicendus liber: recollectae enim sunt quaedam ab aliquo excerptae ex libris Senecae"; Erasmus bemerkt schon in seiner ersten Ausgabe gleich beim Eingange dieser Schrift: „Apparet hunc libellum non a Seneca fuisse conscriptum, sed concinnatum a quopiam illius studioso et sententiis gaudente. Nam deprehenduntur quaedam alibi a Seneca scripta", und in der zweiten Ausgabe heisst es noch viel bestimmter: „Gnomologia et haec est, non ex Seneca tantum. Insunt mimi et Pythagorae quaedam, postremo fit mentio diaboli. Uidentur quaedam decerpta ex prouerbiis Solomonis". Als späterhin bekannt wurde, dass das Buch de quattuor uirtutibus oder de formula honestae uitae, welches man im Mittelalter dem Seneca beilegte, eigentlich dem Martinus Dumiensis (um 560) angehöre und nur, nachdem die Widmung an den König Miro verloren gegangen, irrthümlich dem Seneca zugeschrieben worden sei, betrachtete man diesen Martinus auch als den Verfasser jener Spruchsammlung. So erscheint dieselbe in der Ausgabe des Seneca von Gothofredus und in der Bibl. Patr. ed. Lugdun. Tom. X, p. 385 unmittelbar vor oder nach jener Schrift des Martinus Dumiensis; in gleicher Weise sprechen sich Fabricius (Bibl. lat. ed. Ernest. II, 119) und Orelli (Opusc. Graec. sent. I, p. XVI und 269, P. Syri sent. p. IV) aus und auch Bernhardy (Röm. Lit. S. 725, 3. Aufl.) scheint dieser Ansicht beizupflichten [1]). Mehr Wichtigkeit hat dieser Schrift Haase in seiner Ausgabe beigelegt; er vermuthet nämlich, dass uns hier Bruchstücke aus verlorenen Werken des Seneca erhalten seien. Desshalb hat er sich auch die Emendation des sehr verwahrlosten Textes angelegen sein lassen, wobei ihm aber, wie er selbst sagt, ausser den alten Ausgaben nur der oben erwähnte cod. Vratislaviensis zu Gebote stand, der übrigens nur ein Bruchstück ist und mit sent. 49 endigt. In der Vorrede zum dritten Bande p. XX ff. deutet er einiges über die Zeit der Abfassung und die Quellen der Sammlung an und schliesst dann seine Erörterung mit den Worten: „Sed de fontibus huius libri non est hic

---

[1]) Wenn Goldast in seiner Collectio paraeneticorum ueterum (Lindau, 1604, p. 214) irgendwie zu trauen ist, so hatte ein alter Codex des H. Stephanus, den Goldast bei seiner Textesrecension benützt haben will, die Aufschrift: „Incip. Annei Boetii liber de moribus per sententias". Übrigens enthielt dieses Manuscript, nach den angeführten Lesearten zu urtheilen, nicht sowohl den liber de moribus als vielmehr die prouerbia Senecae.

dicendi locus; est enim difficilis quaestio ac digna, quae separatim et accurate instituatur". Einiges dafür bietet Jordan Rh. M. XIV, S. 279 und besonders Wölfflin Phil. VIII, 184 ff., IX, 680 ff., wo richtig bemerkt wird, dass diese Frage erst mit jener über die Spruchsammlung des Syrus ihre endgiltige Lösung finden könne. Da mir nun die Collation zweier Sangallenses zu Gebote steht, die für die vorliegende Frage manche nicht unwichtige Aufschlüsse gewähren, so will ich hiemit einen kleinen Beitrag liefern, den dann Andere in ihren weiter gehenden Untersuchungen nach Bedarf verwerthen mögen.

Vor Allem handelt es sich darum, welcher Zeit diese Sammlung angehört. Haase meint, dass sie schon im Jahre 567 in dieser Form vorlag, da in dem 14. Kanon des zweiten Conciliums von Tours, das in diesem Jahre abgehalten wurde (vgl. die Ausgabe von Labbé VI, 358) die 35. Sentenz dieser Schrift unter dem Namen des Seneca angeführt wird: „sicut ait Seneca pessimum in eo uitium esse, qui in id quo insanit ceteros putat furere". Und dies hat allerdings viel für sich; denn in diesem Citate ist durch einen offenbaren Gedächtnissfehler die 35. Sentenz „Hoc habet omnis adfectus, ut in id quod ipse insanit, in idem putet ceteros furere" mit der 36. „Maximum in eo uitium est, qui non uult melioribus placere sed pluribus" verschmolzen. Es standen also schon damals diese beiden Sentenzen neben einander, und daraus können wir mit grosser Wahrscheinlichkeit schliessen, dass die Sammlung in der vorliegenden Gestalt schon zu jenen Zeiten vorhanden war.

Fragen wir weiter nach den Handschriften, so dürfte, in so weit dieselben bekannt sind, der Sang. α so ziemlich der älteste sein. Dieser Codex (n. 238), welcher neben einem Vocabularium Excerpte aus Hieronymus, Isidorus und p. 396—414 die Schrift de moribus enthält, ist eine Pergamenthandschrift und angeblich von Winithar, der im Jahre 767 Decan des Stiftes zu St. Gallen war, geschrieben (vgl. Hänel, p. 680). So lautet allerdings die subscriptio; aber die Handschrift, die uns vorliegt, ist wahrscheinlich nur eine Abschrift jenes Codex, den Winithar eigenhändig geschrieben hatte [1]). Dafür spricht der Umstand, dass die Schriftzüge nicht einer, sondern mehreren Händen angehören und dass diese Schreiber sehr unwissende

---

[1]) Gleiches vermuthet Böcking von dem bekannten Sang. 899, der die Mosella des Ausonius enthält; vgl. Jahrb. d. Vereins f. Alterthumsfr. im Rheinl. VII, Aus. S. 3.

Leute waren, was man wohl jenem Decane nicht zutrauen kann. Denn der Text wimmelt von groben Verstössen gegen die Grammatik, welche deutlich zeigen, dass die Abschreiber einerseits die ihnen vorliegende Handschrift nicht richtig zu lesen vermochten und andererseits in der lateinischen Sprache nur unvollkommen unterrichtet waren. Doch kann diese Handschrift, nach der Form der Buchstaben zu urtheilen, nicht lange nach 767 gemacht sein und gehört unzweifelhaft dem IX. Jahrhunderte an. Aus derselben Zeit stammt auch die andere Pergamenthandschrift n. 141 (β), welche neben einigen Schriften von Kirchenvätern und mittelalterlichen Autoren p. 62—70 die genannte Sammlung enthält [1]). Der Codex stimmt mit dem früher erwähnten so ziemlich überein, aber an nicht wenigen Stellen hat eine zweite Hand, die auch dem IX. oder X. Jahrhunderte angehört, die ursprüngliche Schrift ausgekratzt und dafür ihre Conjecturen ohne weiteres in den Text gesetzt. Es ist daher begreiflich, dass wir im Folgenden uns darauf beschränken, blos das Wichtige aus den Lesearten hervorzuheben, das Unwichtige aber einfach übergehen.

Beide Handschriften schicken dem liber de moribus eine ziemlich gleichlautende Einleitung voraus, welche die Überschrift führt: „Incipit prologus libri Senecae". Es soll dies, wie es scheint, entweder eine Nachahmung des Prologes zu den Quaestiones naturales oder jenes zu dem Ecclesiasticus sein. Aber dieser Prolog ist keineswegs eine Vorrede zu jener Spruchsammlung, sondern enthält nur einzelne Bemerkungen über das Leben des Seneca, wobei der Verfasser die Stelle des Hieronymus in dem Catalogus sanctorum oft wörtlich benützt hat, dann über Zweck und Bedeutung der angeblichen Schrift u. dgl. Dabei offenbart der Verfasser in mehreren Puncten eine klägliche Unwissenheit, wie er denn sein Machwerk gleich mit den Worten beginnt: Lucius Annaeus Seneca de Graecis fuit". Wir geben somit aus dem Prologe nur diejenigen Stellen, welche für die Ansichten der damaligen Zeit in Betreff unserer Schrift massgebend und so von einigem Werthe sind: „Seneca scripsit hunc librum. Qui Paulo apostolo epistolas misit et Paulus

---

[1]) Dieselbe hat auch in diesem Codex einfach die Überschrift „liber Senecae", nicht aber, wie Hänel p. 674 fälschlich angibt, „libellus conflictus uirtutum et uitiorum", da sich diese Bezeichnung vielmehr auf die folgende Schrift, ein Werk des Ambrosius Autpertus, bezieht.

similiter illi. Et hic biennio antequam Petrus et Paulus coronarentur, periit incisione uenarum et ueneni haustu. Quid efficit scripcio huius libri et ob quam causam scripsit? Aperitur et ostenditur libertas arbitrii; testatur liberum arbitrium opus esse ad omne siue bonum siue malum. Explicit prologus. Incipit ipse liber". So werthlos nun auch dieser jedenfalls viel später abgefasste Prolog ist, so gibt er doch einige ganz brauchbare Andeutungen. Einmal ist es gewiss kein Zufall, dass an der Spitze der Sammlung gerade eine Sentenz steht, in welcher das liberum arbitrium so besonders betont wird. Sodann ist auch die Erwähnung jenes Briefwechsels zwischen Paulus und Seneca nicht ohne Bedeutung, da, wie wir späterhin sehen werden, unsere Sammlung mit demselben in einem gewissen Zusammenhange steht.

Weiterhin enthalten die Handschriften nicht die gleiche Anzahl von Sentenzen, wie sie uns gegenwärtig in den Drucken vorliegt. Es fehlen nicht blos in beiden die Pythagoreischen Sprüche n. 144 und 145 am Schlusse der Sammlung, sondern auch in dem Corpus selbst ist, wie aus dem Folgenden hervorgehen wird, hie und da eine Sentenz ausgelassen oder eine eingefügt; auch ist nicht selten die Reihenfolge der einzelnen Sprüche verändert, was alles hinreichend beweist, dass die Form der Schrift mit den Zeiten mannigfache Umänderungen erfahren hat. Der Codex α gibt übrigens p. 406—414 nach sent. 143 noch einen Anhang von mehr als hundert Sprüchen, die zum Theile wieder aus mehreren Sätzen bestehen und durch ihren Inhalt öfters zu grösseren Gruppen vereinigt sind. Dieselben rühren ohne Zweifel von einem christlichen Verfasser her, wie dies ihr Inhalt, der häufig mit dem liber proverbiorum und dem Ecclesiasticus übereinstimmt, und die eingestreuten Bibelstellen beweisen. Da es natürlich nicht meine Absicht sein kann, diese ganze Sammlung hier abdrucken zu lassen, um so mehr als man mit derlei Dingen oft genug Zeit und Papier verschwendet hat, so beschränke ich mich auf einige Proben, um Inhalt und Form dieser Sentenzen einigermassen anzudeuten. So heisst es gleich Anfangs: Esto in cunctis casibus firmus, patienter tolera omnia. Respice similes aliorum casus. Dum tibi aliena pericula memoras, mitius tua portas; aliorum enim exempla releuant dolorem, einige Zeilen später: Nullus te casus imparatum inueniat. Sic alienam miseriam tamquam tuam luge. Sapiens uerbis paucis utitur. Quod ad te non pertineat, noli quaerere. Sapientia dando largior fit, retinendo autem minuitur. Dum iudicas, causas adspice non personam, endlich am Schlusse: Uide ne, quod legendo respicis, uiuendo contemnas. Gratias deo. Finit liber Senecae. Man sieht, dass manche dieser Sätze, was Gedanken und Sprache anbelangt, sich von jenen in dem Buche de moribus nicht besonders unterscheiden; auch stimmen mehrere mit den Sprüchen in dem Annulus aureus des Rufinus überein. So findet sich, um nur ein Beispiel anzuführen, die oben erwähnte Sentenz: „Sapiens paucis uerbis utitur" ganz ähnlich bei Rufinus n. 134 (Orelli I, p. 255) „Sapiens uerbis innotescit paucis".

Wir geben nun die Collation der beiden Sangallenses mit der Ausgabe von Haase in der oben angedeuteten Beschränkung und fügen zugleich unter dem Texte die Schriften, aus denen die einzelnen Sprüche entlehnt, oder die Sätze, nach denen sie gebildet sind, so weit sich dies erkennen lässt, in aller Kürze bei. Dass hiefür die Bemerkungen der älteren Herausgeber, eines Scaliger, Gruter u. a., eben so wie die der neueren, Orelli, Bothe, Ribbeck u. a., gebührend benützt worden sind, bedarf keiner besonderen Erwähnung. Um ferner das Verhältniss unserer Sammlung zu jener, die unter dem Titel Proverbia Senecae oder Sententiae P. Syri geht, näher zu bestimmen, haben wir bei den Sentenzen, die sich eben so in dieser wie in jener finden, die abweichenden Lesearten der letzteren verzeichnet. Der Kürze wegen bezeichnen wir mit Or. den P. Syrus in der Ausgabe von Orelli, Leipzig 1822, mit R und B die Sammlung in den Reliq. com. lat. von O. Ribbeck und den Poet. lat. scen. fragm. Vol. V, P. II von Bothe; G ist Gothofredus, F der cod. Frisingensis (jetzt Monacensis lat. 6292, vgl. Wölfflin Caec. Balb. p. 16 ff., Bernhardy S. 339), Gr. der cod. Gryphiswaldensis, VBh und VBd Vincentius Bellovacensis in seinem Speculum historiale und doctrinale (nach dem Texte der undatirten ed. princ., vgl. Ebert 1, 1032 ff.), P und S der cod. Paris. 4841 und Sorbon. 280 (vgl. Wölfflin Phil. VIII, 184; IX, 681). Mit V ist eine alte Ausgabe (s. l. et a.) bezeichnet, die ich bei Ebert nicht angeführt finde [1]); dieselbe (14 Blätter in 4°.) enthält ohne allen zusammenfassenden Titel: p. 1—16 die prouerbia Senecae, 17—20 das Buch de moribus, und 21—28 die Schrift de quattuor uirtutibus; Vp bedeutet die proverbia

[1]) Das Exemplar befindet sich auf der Innsbrucker Universitätsbibliothek.

in dem genannten Büchlein. Mit E und Ep bezeichnen wir die Schrift de moribus und die proverbia in der Ausgabe von Erasmus; da die erste und zweite Augabe nicht selten von einander abweichen, so gebrauchen wir in solchen Fällen auch die Zeichen E_1, E_2, Ep_1, Ep_2.

1 omne quod noluptarium est. — excusacionem.

2 facit et ad id uiuit unusquisque quod didicit. — Bene facias bene loquere α, Bene loquere bene facere β.

3 uicium est α, uitiosum („est“ s. l.) β. — quod facta β.

4 nulla enim.

5 om. „alter“ α.

1 Tolle excusationem VE. Omne peccatum est actio. Omnis actio est uoluntaria tam turpis quam honesta (tam h. quam t. Ep). Omne ergo peccatum uoluntarium est. Omitte excusationem: nemo peccat inuitus Vp. Omne p. actio est. Omnis autem actio uoluntaria, tam h. quam t. Omne c. p. u. est G. Omitte ... inuitus F. Die Quelle scheint Seneca Ep. 66, 16 zu sein: „Omne honestum uoluntarium est . . . Non potest honestum esse quod non est liberum“ verbunden mit Lact. Div. Inst. IV, 24. Richtig ist excusationem „die stehende Entschuldigung“, nämlich Inuitus feci oder wie Lactantius a. a. O. sagt: „Itaque ducor inuitus et pecco, non quia uolo, sed quia cogor“.

2 facit et id (om. „et uiuit“; om. „Bene ... facere) VE. Educatio et d. m. facit et id sapit quisque quod didicit. Bona itaque consuetudo excutiat q. m. i. VBh IX, 102. Utilis educatio et disciplina mores facit. Unde bona consuetudo excutere debet quae m. i. Vp Ep (Ep_2 Unde et bona ... incussit). Mit Vp übereinstimmend GF, nur dass sie eductio und induxit lesen. Vielleicht ist doch die Leseart der Sangg. richtig; „ad id“ würde dann „nach dem Masse dessen, gemäss dessen“ bezeichnen, vgl. Hand Turs. I, 110. Die angehängte Sentenz erscheint hier in ihrer ursprünglichen, sehr armseligen Gestalt.

3 und 4 Nihil ... uitiosum est. Nam facta c. animus non uidetur Vp Ep G. Nihil ... facias quod uitiosum est fecisse VBh IX, 102, VBd V, 106. Die Quelle ist, wie dies schon Bünemann (in seiner Ausgabe des Lactantius p. 346) bemerkt hat, Lact. Div. Inst. III, 15 Atqui nihil interest, quo animo facias, quod fecisse uitiosum est, quia facta cernuntur, animus non uidetur. Or. 674 R. 728 ist somit kein ursprünglicher Vers. Eben so bildet Lact. Div. Inst. VI, 23 Nulla igitur laus est non facere, quod facere non possis die Quelle für den folgenden Spruch. Man bemerke hiebei noch, wie häufig Sentenzen, die mit einander nichts gemein haben, durch ein enim, autem u. dgl. äusserlich verbunden wurden.

5 Quid homini est inimicissimum? homo VE (alter homo Vp Ep). Vgl. Auson. Sept. sap. sent. 1, 2 Pernicies homini quae maxima? Solus homo alter. — Stob. Flor. 2, 43 Ἀνάχαρσις ὁ Σκύθης ἐρωτηθεὶς ὑπό τινος τί ἐστι πολέμιον ἀνθρώποις; „αὐτοί“ ἔφη „ἑαυτοῖς“.

6 Feras libenter β.

7 Expecta.

8 Numquam multis.

9 tamen incumbe.

10 uelud α.

11 Tristitiam si fieri potest ne admiseris et si minus admiseris ne ostenderis α.

6 Uiriliter feras quae n. est etc. Vp Ep (Ep_2 dolor enim) G F (wo doloribus enim). Fer quod necesse est Rufin. 111. Ähnlich ist auch Sent. Varr. (ed. Ch. Chappuis, Paris 1856) I, 5 Duplex est malum, cum, quod necesse est, moleste ferimus. — Eine andere Sentenz ist die in P Libenter fac quod necesse est, vgl. Aus. S. s. s. 4 Faxis ut libeat quod est necesse. — Für den Schluss vergleiche noch Cuiuis dolori remedium est patientia Or. 149, R. 106.

7 Expecta quo numquam poeniteas VE_2 (E_1 quod). Haase schreibt Expetas, wahrscheinlicher ist Wölfflin's Exhibeas. Ähnlich klingt Caue ne quicquid incipias quod post poeniteat F (Or. 119, R. 86). Periander bei Diog. Laert. I, 97 πράττε ἀμεταμέλητα.

8 Non . . . sed quibuslibet stude Vp (sed quibus st. Ep.). Nec quam multis sed quibus placeas cogita Mart. Dum. de form. hon. uit. 2, 11. Numquam quam multis placeas sed quibus stude Fabric. 210 [1]). — Vgl. Or. 403, R. 668. — Für den Gedanken vgl. man noch Att. Epin. fr. 5 Probis probatum potius quam multis fore, Aus. S. s. s. 2, 2 Bono probari malo quam multis malis.

9 tamen V, vgl. n. 74 und 104. — Vgl. Isocr. ad Dem. §. 41.

10 mors iuncta VE, ultimus intueatur V, u. iudicetur E. Omnes enim uitam . . . Omnis itaque dies u. u. ordinandus est Vp Ep (Ep_2 streicht enim und itaque) F. Multos . . . omnis itaque . . . ordinandus est VBh IX, 102. Omnis dies uelut ultimus putandus est Fabric. 233. — Der erstere Theil, ein vollständiger Tetrameter, vgl. Or. 845, R. 535, muss offenbar Multos uitam etc. lauten, da Omnes gar nicht passend ist und offenbar nur dem folgenden Omnis seinen Ursprung verdankt (eine Nachahmung finden wir bei Columb. Epist. II Differentibus mors incerta subrepit); der letztere Theil stammt aus Sen. Epist. 12, 8 itaque sic ordinandus est dies omnis tamquam cogat agmen (vgl. de breu. uit. 7, 9), wesshalb Or. 528 R. 680 zu beseitigen ist. Es sind hier wieder zwei Sätze, die ursprünglich nichts mit einander zu thun hatten, zu einem Ganzen verbunden.

11 si poteris P. — Tristitiam si potes ne admiseris Vp Ep (caue ne adm. F G). — Die Sentenz scheint zum Theile aus der Bibel zu stammen, vgl. Eccles. 30, 22 Tristitiam non des animae tuae, 38, 21 Ne dederis in tristitia cor tuum, sed repelle eam a te. Der Schluss erinnert an Periander bei Stob. Flor. III, 79, ἢ: Δυστυχῶν κρύπτε, ἵνα μὴ τοὺς ἐχθροὺς εὐφράνῃς.

---

[1]) Wir wollen auch die von Fabricius, angeblich aus einer Handschrift mitgetheilten Sentenzen nicht ausschliessen, obwohl dieselben offenbar nur Versuche sind, einzelne prosaische Sätze, die unter den sententiae Syri vorkommen, in Verse zu bringen.

12 Amicos secreto.

14 om „ipsi“ α. — ipsa β.

15 Ut liquentiosa mancipiaris animi imperio coherce α.— cohérceas β. — libidinemque.

16 uelis esse $\alpha\beta$. — alio β.

17 Ridiculum enim est α.

18 stultius est quam uia deficiente uiaticum augere α. — uiaticum augere β.

19 non putet te forcius esse nasci quam uiuere α, non te pudet (m. 2 pigeat) fortius nasci quam uiuere (m. 2 fortius uiuere quam nasci) β.

12 Amicos secreto VE. Amicum secreto amone palam lauda P. Amicos admone secreto palam lauda VBd VI, 88. Secreto admone amicos palam lauda Vp Ep G. — Vgl. Or. 705 R. 459. — Ähnlich ist Aus. S. s. s. 5, 4 Clam coarguas propinquum, quem palam laudaueris, Fabr. 44 Castiga amicum clanculum lauda palam.

13 Eben so VBh IX, 102. Uerba . . . accipienda sunt Vp Ep F G. — Sent. Varr. 22 Non refert quis sed quid dicat, Sen. Epist. 12, 11 Ut isti, qui in uerba iurant, nec quid dicatur aestimant, sed a quo.

14 om. „ipsi“ VE. — tibi ipsi Vp Ep VBh IX, 102. — om. „ipsi ante omnes“ F G. — Honoratiorem te puta, si tibi, quod opus est, ante omnes persuaseris P.

15 Vgl. 117 om. „imperio“ . . . coherce V, et libidinem VE. — Ut nocenti mancipia acri ingenio compescere linguam uentrem libidinem P. — Vielleicht ist zu schreiben acri animi imperio.

16 om. „ipsi“ . . . ab alio VE. Quod tacitum esse uis nemini dixeris. Quia non poteris ab alio silentium exigere, si tibi ipse non praestas Vp Ep (so auch F G, wo exigere silentium, und VBd V, 92, wo uis nulli und ipsi steht). Quod tacitum uis esse, nemini dixeris: a quo enim silentium exigis, quod tibi ipsi non praestiteris P. Quod esse tacitum uis id nulli dixeris Fabric. 294. Für den ersten Theil vgl. Aus. S. s. s. 7, 3 Quod facturus eris, dicere sustuleris, Sen. Hipp. 873 Alium silere quod uoles primus sile. Der zweite Satz in der Fassung, wie sie die proverbia Senecae geben, ist offenbar Lact. Div. Inst. VI, 23 nachgebildet: Iniquum enim est, ut id exigas, quod praestare ipse non possis.

17 om. „suam“ VE VBd V, 135. — om. „aliquem“ et „suam“ Vp Ep. — Vgl. Or. 858, R. 805.

18 auaricie scelus V. uiaticum quaerere uel augere V (uiaticum augere E). — om. „quod dici solet“ . . . uiaticum augere VBh IX, 102. Monstro similis est auaritia unica Vp Ep G. — Die Quelle ist Cic. Cat. mai. 18, 66 Auaritia uero senilis quid sibi uelit non intellego. Potest enim quidquam esse absurdius quam quo uiae minus restat, eo plus uiatici quaerere.

19 non pudeat te fortius nasci quam uiuere VE (E_2 non pudet). Der erstere Theil scheint aus Ecclesiastes V, 14 zu stammen: Sicut egressus est nudus de

20 om. „amicum“ α.—omnia sic loqui $\alpha\beta$.—om. „seruandus—ego“.

21 = 22 Quid interest non habearis α, Quid interest (m. 2 Quis sis i.) non quod h. β.

22 = 21 non ledere ledentem α, neglegere (m. 2 non ledere) ledentem β.

23 si non te turba deriserit $\alpha\beta$. — felix es $\alpha\beta$.

24 contempnere contempni (om. „ab eisdem“).

26 om. „tamen“.

utero matris suae, sic reuertetur; der letztere geht auf die Sentenz Or. 729 R. 748 zurück, wo aber Sordidius multo nascimur quam uiuimus geschrieben werden muss; man vgl. Or. 466, R. 654 Nemo ita pauper uiuit, quam natus est, welche Sentenz aus Sen. de prov. 6, 6 Nemo tam pauper uiuit quam natus est stammt (Min. Fel. Oct. 36 nemo tam pauper potest esse quam natus est). Darnach wird man auch in unserem Spruche: „Nonne te pudet sordidius nasci quam uiuere?“ herstellen müssen.

20 Quid dulcius quam habere amicum cum (cum quo Ep F G) omnia audeas. Quem (cui Ep_2) sic credis (credes Ep_2, credas F G) ut te (tibi Ep_2) cui sic loquaris quasi tecum Vp Ep F G (welche beiden noch hinzufügen: Quanti tales amicos habere noluerunt, cum ipsi tales esse non possent). Mit FG stimmt VBd VI, 83 überein, nur dass er ut tecum und et ipsi . . . possunt liest. — In E_1, cod. Steph. sind die Worte: „Seruandus . . . ego“ hinzugefügt, wobei Erasmus die Bemerkung macht: Haec in quodam exemplari reperi, sed mihi uidentur a quopiam adiecta e glossemate“. Man sieht, wie späterhin diese Sentenzen erweitert und verflacht wurden.

21 = 22 Quid sis interest quod non habeas V, Quid sis interest non quid (quid non E_1) habeas E. Quis sis interest non quis habearis Vp Ep. Quid sis interest non quid habearis VBd VI, 67 Gr. Quid ipse sis interest non quid habearis F G (vgl. Or. 636, R. 414).

22 = 21 Quam magnarum uirium est negligere laedentem Vp Ep F G (die noch beifügen qui enim uindicat, sentit). Vgl. R. 222 (fr. inc. fab. LXXIII, Sen. Epist. 94, 28) Iniuriarum remedium est obliuio, welcher Spruch auch so verändert vorkommt Magnanimi (Bothe -no) iniuriae remedium obliuio est (est r. obl. Bothe).

23 si non te turba deriserit VE. Nondum felix es si nondum te turba deridet Vp Ep F (om. „te“ VBd V, 83), vgl. Or. 838, R. 531. Natürlich ist deriserit zu schreiben.

24 Qui uis . . . primum concendere noli V. contemnere et contemni E. primum contemni Vp F G (contemnere et contemni Ep). Es scheint zu schreiben contemnere te contemni, vgl. VBd V, 38 spernere se sperni.

25 ut cum Vp F G. Ähnlich ist Ruf. 85 Delibera priusquam agas et antequam agas prouide quale sit quod facturus es.

26 om. „te“ . . . faciet . . . om. „tamen“ et „inuidia“ V. om. „ut“ et „tuo“ . . . facias . . . om. „tamen“ E. — Id agas ne quis merito tuo te

27 querit.

28 om. „est“ α, β. — cultor dei β.

29 abstinebis alieno sanguine, abstinebis alieno matrimonio α. — abstinebis (m. 2 Abstine ab) a. s: β.

31 ministerium α.

32 Non uiues aliter in foro, aliter in solitudine α. — om. „et“ β.

33 Nihil petas.

oderit Vp Ep (Ep_2 F tuo te merito ne quis) (vgl. Or. 289, R. 206). Nam si nullos inimicos tibi (tibi parit Ep_2) iniuria multos tamen inuidia Vp Ep. Nam etsi . . . tibi facit i. nonnullos tamen facit inuidia G und VBd V, 83 (der aber multos tamen liest). In anderer Form lautet diese Sentenz: Quamuis agas id ut ne . . . oderit erunt tamen qui semper (Ep_2 semper qui) oderint Vp Ep F G (wo quaerunt tamen semper qui oderint steht). Quamuis agas ut ne quis tuo merito te oderit erunt tamen semper qui te oderint VBd V, 135. — Die beiden Sentenzen sind getrennt zu schreiben oderit. Etsi etc.

27 quaerit Vp Ep, vgl. Or. 866, R. 810.

28 cultor dei V E. Non aspicias quam plenas quisque manus deo sed quam puras admoueat. Non enim aliter nisi optimus animus pulcherrimus dei cultus est Vp Ep G. Non . . . plenas sed quam puras quis deo manus afferat admoueat. Non enim etc. VBd V, 31. Non aspicias quam plenas quisque deo manus notes sed quam puras admoueat. Non aliter pulcherrimus dei cultus est animus nisi fuerit optimus F. — Es ist offenbar cultus zu schreiben und et vor pulcherrimus zu streichen, vgl. Sent. Pyth. bei Joann. Damasc. IX, p. 640 θυσία τῷ θεῷ γνώμη ἀγαθή; ähnlich ist Lact. Div. Inst. VI, 24 Quisquis igitur his omnibus praeceptis caelestibus obtemperauerit, hic cultor est ueri dei, cuius sacrificia sunt mansuetudo animi et uita innocens et actus boni.

29 Die Sentenz scheint im Sang. α richtig überliefert zu sein. Ähnlich ist Lact. Div. Inst. V, 10 a. E. Quo modo enim sanguine abstinebunt . . . quo modo pudicitiam tuebuntur?

30 om. „amicis fidem“ VE. Praestabis p. p., c. dilectionem, praestabis amicis fidem, omnibus aequitatem Vp Ep F G. Pietatem parentibus praesta, indulgentiam amicis, operam ciuibus, fidem etiam hostibus P. Ähnlich ist Isocr. ad Dem. §. 16 τοὺς μὲν θεοὺς φοβοῦ, τοὺς δὲ γονεῖς τίμα, τοὺς δὲ φίλους αἰσχύνου, τοῖς δὲ νόμοις πείθου, Solon bei Stob. Flor. 3, 79 φίλους εὐσέβει, γονεῖς αἰδοῦ. Die Worte „amicis fidem“ sind nicht zu verdächtigen.

31 Respue crudelitatem et matrem crudelitatis iram Vp Ep F G VBd V, 136 (vgl. 133 Ira crudelitatis mater est).

32 Non aliter uiuas . . . om. „et“ V E Vp Ep F (der Non uiuas aliter liest), vgl. Or. 839, R. 791.

33 Nihil p. V E. Nihil petas quod negaturus es (sis VBd V, 54) Nihil negabis quod petiturus es Vp Ep und auch F G (aber in umgekehrter Ordnung und am Schlusse petiturus eris).

34 Pacem cum omnibus habebis, bellum cum uiciis $\alpha\beta$.

35 in quod $\alpha\beta$ (in id quod β m. 2). — in id etiam ceteros putet furire α („in idem ceteros" sed in ras. β).

36 non melioribus uult $\alpha\beta$. — pluribus displicere α.

37 Si uis α. — effice te ut $\alpha\beta$.

38 Bonum est non laudari sed esse laudabilem.

39 est uitare quod non potes praeterire α. — uitare non potes β.

40 fehlt in α. — om. „autem" β.

41 homines. R̄ bene enim α. — mereor his sed α, mereor ego (m. 2 m. his) β.

34 Pacem cum hominibus habebis cum uitiis bellum VE. Pacem cum omnibus (hominibus Ep_2 F G) habebis bellum cum uitiis Vp Ep F G. Pacem habeto cum hominibus cum uitiis bellum VBh IX, 102. Cum hominibus pacem bella cum uitiis habe Fabr. 45. — Vgl. R. 682. — Sen. de ira 2, 28 Magna pars hominum est quae non peccatis irascitur sed peccantibus.

35 in quod E, in id putet etiam ceteros f. VE, ut in quo ipse insanit in idem putet omnes furire VBh IX, 102 VBd V, 114. — Omnis affectus habet ut in hoc quod (ut in eo in quo G) ipse insanit ceteros furere putet F (in idem putet ceteros furere G). Die Stelle aus dem conc. Turon. II, c. 14 haben wir schon früher angeführt. — Vgl. Or. 327, R 228 Insanus omnis furere credit ceteros.

36 non melioribus uult VE. Aus. S. s. s. 2, 2 Bono probari malo quam multis malis.

37 auch Vp Ep VBd VI, 67 (wo affice prius steht). Uis omnibus esse notus? noris neminem F. — Vgl. Or. 782, R. 356.

38 Bonum est non laudari et esse laudabilem VE. Quam magnum est non laudari et esse laudabilem Vp Ep VBd VI, 69, vgl. Or. 601. R. 396. Die Sangg. haben die ursprüngliche Form des Spruches richtig erhalten.

39 om. „Morieris" VE. non poteris V (non potes E). Stultum est timere quod uitari non potest Vp Ep F (wo mutari steht); vgl. Or. 739, R. 752. Die Sentenz stammt, wie die folgenden 40, 41, 43, aus dem Buche de remediis fortuitorum (2, 3).

40 Male obtuentur (opinentur E) de te . . . Malis displicere est l. VE. Opinantur de te homines male, sed mali. Displicere enim malis laudabile est (Malis enim displicere laudabile est VBd VI, 67 P S) Vp Ep. Opinantur. . . mali. Omnibus enim displicere malis laudari est F G. Ausserdem kommt noch einzeln der Spruch vor Malis displicere laudari est Vp Ep G. — Vgl. de rem. fort. 7, 1 Male de te opinantur homines. Sed mali . . . nunc malis displicere laudari est. Ähnlich ist Plaut. Bacch. 118 Mali sunt homines qui bonis dicunt male.

41 nesciunt non quod merearis sed quod solent ipsi VE. — Vgl. de rem. fort. 7, 2 Male de te loquuntur. Bene enim nesciunt loqui; faciunt non quod mereor sed quod solent. Ähnlich ist Stob. Flor. 19, 5 Πλάτων λοιδορούμενος ὑπό τινος λέγε, ἔφη, κακῶς, ἐπεὶ καλῶς οὐκ ἔμαθες.

42 loquuntur male β. — loquuntur sed inmerito quod loquuntur R̄ non molestum mecum est („est“ auch β) sed . . . si enim inmerito innocenciae meae (so auch β) α. In α folgt dann noch: Male de te loquuntur homines R̄ gaudeo si mentiuntur doleo si uera dicunt. Male de te loquuntur homines R̄ dum me lazerant se maculant.

43 Noli patriam inquirere: ibi enim est patria tua ubi bene tibi fuerit. illud . . . non in patria sed in homine est et non in loco α. — per quod est bene . . . non in loco („est add. m. 2) sed in homine β.

44 om. „est“ α. — animo magno dispicies $\alpha\beta$.

45 maximae.

46 is qui β.

47 deo nisi deum α.

48 Honestum est β.

42 male V E, om. „si m. non q. loquuntur“ V, non quod V, innocenciae meae V, uera obiecturos V E.

43 in patria tua; patria tua est ubicumque bene es V E. Vgl. de rem. fort. 8, 2 Non eris in patria. Patria est, ubicunque bene es. Illud autem per quod bene est, in homine, non in loco est. — Patria est. ubicunque bene uixeris Vp Ep G. Patria tua est ubi uixeris bene F, vgl. Or. 343, R. 685, fr. inc. trag. 49 (Cic. Tusc. V, 37, 108) patria est ubicumque est bene. Πατρίς ἐστι πᾶσ' ἵν' ἂν πράττῃ τις εὖ Aristoph. Plut. 1151.

44 om. „est in rebus humanis“ V E. — Nihil est magnum in r. h. nisi animus despicientis VBd V, 73. — nisi animus magna despiciens Vp Ep F G. Diese Leseart verdient unbedingt den Vorzug; vgl. Lact. Div. Inst. VI, 11 Magni et excelsi animi est despicere et calcare mortalia.

45 maximae V E Vp Ep F G P. — Natürlich ist maximae zu schreiben.

46 habet is qui V E. habet is qui nimium Vp (minimum Ep). Plurimum habet is qui minime cupit VBd VI, 77 (der aber 76 den gewöhnlichen Text gibt). — Vgl. inc. fab. fr. 65 Is minimo eget mortalis qui minimum cupit (Sen. Epist. 108, 11, Or. 343, R. 242. Wölfflin Caec. Balb. p. 23). Quis plurimum habet? is qui minimum cupit Or. 655, R. 721. Quis diues? qui nil cupiat. Quis pauper? auarus Aus. S. s. s. 1, 3 (s. auch n. 57).

47 om. „deo“ . . . imitari deum Vp Ep. — Vgl. Or. 633, R. 712. Die Quelle ist Sen. de benef. III, 15, 4 Qui dat beneficia, deos imitatur. Die Umwandlung des deos in deum ist bemerkenswerth, wenn man sich erinnert, wie häufig christliche Schriftsteller in Citaten ein diis, Joue u. dgl. in „deo“ u. ä. verwandelt haben.

48 Ähnlich ist Sen. Ep. 3, 2 post amicitiam credendum est, ante amicitiam iudicandum.

49 Itaque semper ab alio incipiat dissensio, a te uero reconciliatio VBd V, 133, VI, 88. Dissensio ab alio, a te sit conciliatio Fabr. 49. — Vgl. Stob

50 aliorum (m. 2 amicorum) β. — immo succurre cuiuiae αβ.

51 res obtime parant aduersae autem certissime (aduersae certissimos β) probant αβ.

52 itaque loquax inimicus minus offendit quam tacitus α. — Hiezu fügen noch beide codd.: Cuius enim ira se denudat, illius quaerit ad nocendum occasionem.

53 intellegi α.

54 Agnosce amat quod non uult ostendere α. — In β ist dieser Spruch am unteren Rande von zweiter Hand beigefügt.

55 accipientibus prodest quam dantibus.

56 et spes ipsa α.

58 imperare te α.

59 Nullum magis conscium p. t. α, conscium magis p. t. β. — alium enim β. — om. „autem“ α.

Flor. 84, 19 Ἀρίστιππος ἔφησε πρὸς τὸν ἀδελφόν· μέμνησο ὅτι τῆς μὲν διαστάσεως σὺ ἦρξω, τῆς δὲ διαλύσεως ἐγώ.

50 immo potius Vp Ep F G VBd VI, 88. — Vgl. Isocr. ad Dem. §. 25 οὕτως ἄριστα χρήσει τοῖς φίλοις, ἐὰν μὴ προσμένῃς τὰς παρ' ἐκείνων δεήσεις, ἀλλ' αὐτεπάγγελτος αὐτοῖς ἐν τοῖς καιροῖς βοηθῇς.

51 Amicos res optimae (opimae Ep) parant aduersae probant Vp Ep G. — res optime parant P. — Die Lesart des Sang. α ist richtig. — Vgl. Or. 821, R. 785. — Aus. S. s. s. 2, 6 und 7 Plures amicos re secunda compara, Paucos amicos rebus aduersis proba.

52 Perniciosiora sunt P. Peiora . . . aperta. Propterea te loquax inimicus tutiorem quam taciturnus ostendit Vp Ep (inimicus minus quam taciturnus offendit Ep_2 F G). In F findet sich noch der Spruch „Ira quae tegitur nocet“.

53 om. V. Der Satz erinnert seiner Fassung nach an die sententiae Varronis, eben so 130.

54 Agnosce V. Ignosci amat qui quod odit ostendit E. Übrigens bekennen wir aufrichtig, dass uns diese und die vorhergehende Sentenz ziemlich dunkel erscheinen. Dem Sinne und theilweise auch der Überlieferung entspräche: Mira ratio, quae uult praedicari, quod non uult ostendere. Doch bleibt hier alles unsicher.

55 Eben so in Vp Ep G. Ein ähnlicher Gedanke bei Sen. Ben. 4, 15, 1. Man bemerke den Ausdruck eleemosyna = beneficium.

56 Ex spe praemii s. f. l. Vp Ep F. Et spes praemii solatium est laboris Gr. Vgl. Or. 210, R. 720.

57 Vgl. n. 46. Sen. Epist. 2, 6 Non qui parum habet, sed qui plus cupit pauper est. Ep 108, 9 Desunt inopiae multa auaritiae omnia, vgl. Or. 325, R. 121.

58 Vp Ep F, vgl. Or. 549, R. 687. Pecuniae imperare non seruire conuenit Fabr. 264.

59 Nullum peccatorum t. conscium . . . quam te ipsum: alium enim effugere potes, te nunquam VBh IX, 102. — alios poteris P. — Vgl. Aus. S. s. s. 7, 1

60 sibi ipsi diues uidetur α. — sibi (m. 2 add. „aliquid") uidetur.
62 felicitatem submitte α.
63 In α β steht blos Infelicis innocentia.
64 Nequicia ipsa est poena sui α. — pena sui β.
66 continebis si e. cogitaberis.
68 Inhonesti.

Turpe quid ausurus te sine teste time; vgl. codd. P. bei Wölfflin Caes. Balb. n. 65, p. 42 Conscientiam quam famam intende; famam enim saepe poteris fallere, conscientiam numquam.

60 uidetur diues Vp Ep F VBd VI, 76, vgl. Or. 652, R. 720. Es ist jedenfalls „uidetur diues" zu schreiben.

61 Multos timere debet quem multi timent Vp Ep VBd V, 136, Joann. Saresb. VIII, 14 Or. 444. — Res uera est qui a multis timetur multos timet Vp Ep F G VBd V, 74. — Vgl. Dec. Lab. fr. inc. 3 Necesse est multos timeat quem multi timent (Sen. de ira II. 11, 3), Aus. S. s. s. 4, 5 Multis terribilis caueto multos. Anton Serm. περὶ βασιλέως: ὁ πολλοῖς φοβερὸς ὢν πολλοὺς φοβείσθω.

62 In felicitate se erigere est felicitatem submittere Vp Ep, vgl. Or. 745, R. 755. Cleobul. b. Stob. Flor. III, 79 α: εὐποροῦντα μὴ ὑπερήφανον εἶναι, ἀποροῦντα μὴ ταπεινοῦσθαι.

63 Infelicis innocentia (wie αβ) V, Uera felicitas innocentia est E. In felice felicitas est innocentia Vp Ep (verbunden mit 64), vgl. Or. 305, R. 155. Man muss schreiben Uera felicitas infelici est innocentia; vgl. Sen. Controv. III, 16 (p. 207 ed. Bip.) Magnum est praesidium in periculis innocentia.

64 pena sui est Vp Ep F G (verbunden mit 65) VBd V, 106 (om. „ipsa"). Vgl. Sen. Epist. 81, 22, 97, 14 Prima illa et maxima peccantium est poena peccasse . . . sceleris in scelere supplicium est, Plaut. Most. 537 Nihil est miserius quam animus hominis conscius.

65 Nam mala . . . numquam Vp Ep F, vgl. Or. 872, R. 813. — Numquam secura est praua conscientia Or. 518, R. 343. — Bei Seneca finden sich mehrere ähnliche Stellen, die als Quelle für den Spruch gelten können: Ep. 105, 8 Tutum aliqua res in mala conscientia praestat, nulla securum, Ep. 97, 13 Tuta scelera esse possunt, secura non possunt, Hipp. 161—163 Quid poena praesens, consciae mentis pauor, animusque culpa plenus et semet timens? Scelus aliqua tutum, nulla securum tulit.

66 Die Leseart der Sangg. verdient offenbar den Vorzug.

67 om. „oportet" V. Ähnlich Sen. de ben. 2, 11 qui dedit beneficium taceat, narret qui accepit. Aus. S. s. s. 6, 4 und 5 Tu bene si quid facias, non meminisse fas est. Quae benefacta accipias, perpetuo memento. codd. P. bei Wölfflin Caec. Balb. n. 32, p. 40 Acceptum beneficium aeternae memoriae infigendum. Menand. Monost. 749 χάριν λαβὼν μέμνησο καὶ δοὺς ἐπιλάθου. — Vgl. Or. 73, R. 48.

68 Inhonesta res est suos uincere: satis est potuisse punire Vp Ep G. — Vgl. n. 83.

69 penarum est β.
70 amicicias moderate exerce.
71 Uanitatis similiter depone.
72 Imago ergo animi α.
74 silencii temperamentum.
75 miscetur β.
76 Neminem cito laudaueris $\alpha\beta$. — te cum his $\alpha\beta$.
77 Quia uitium omnia credere et uitium est n. c. α. — uitium est nihil c. β.
78 Nach „abutendum" fügen beide codd. hinzu: ut ne a superioribus condemneris (condemnaris β) nec ab inferioribus timearis.

69 Vgl. n. 68.

70 Der cod. P gibt diese und die folgende Sentenz dem Sinne nach richtig: Inimicitiam tarde suscipe, moderate exerce, fideliter pone. „Amicitias" wie „Uanitates" sind sinnlose Einschiebsel, similiter eine Corruptel des ursprünglichen fideliter; aber inimicitias ist ohne Zweifel beizubehalten.

71 Vgl. n. 70. Uanitates similiter depone V.

72 und 73 Imago animi sermo est; qualis est uir talis oratio Vp Ep G, vgl. Or. 862, R. 808. — Für den ersten Theil vgl. Sol. bei Diog. Laert. I, 58 ὁ μὲν λόγος εἴδωλον τῶν ἔργων, für den zweiten Sen. Epist. 114, 1 Talis hominibus fuit oratio qualis uita.

74 silentii temperamentum V E. Tene semper uocis et silentii temperamentum Vp Ep VBd V, 92, 170, VI, 29 (wo sich damit n. 9 verbunden findet: in hoc tamen incumbe, ut libentius audias quam loquaris; ebenso G, wo aber et in hoc incumbas steht), vgl. Or. 861, R. 807. Die richtige Leseart ist offenbar temperamentum.

75 miscetur Vp Ep, vgl. Or. 622, R. 710. Aequo animo qui malis miscetur est malus Fabr. 16.

76 om. „cito" . . . cum diis V E. Neminem cito accusaueris cito laudaueris Vp Ep F Gr. Neminem cito accusaueris uel laudaueris VBd, V, 92 (laud. uel acc. V, 170). Neminem cito accusaueris neminem cito uituperaberis: semper tecum alterutrum facis testimonium dare P, vgl. Or. 832, R. 786.

77 Utrumque uitium est nulli credere et omnibus Fabr. 362.

78 Utendum est diuitiis et non abutendum ut nec inde (om. „inde" Ep_2) a superioribus contemnaris nec ab inferioribus timearis Vp Ep G. Es sind hier offenbar zwei Sentenzen, die mit einander nichts zu thun haben, verschmolzen. Denn dass die letztere Sentenz selbständig ist, zeigt Aus. S. s. s. 6, 1 Nolo minor me timeat despiciatque maior.

79 om. V. — Nullum p. esse locum s. t. Vp Ep F, locum esse Gr. VBd VI, 35 (der aber V, 92 und 170 Nullum sine teste locum esse putaueris liest). — Vgl. Or. 510, R. 674. — Ähnliches bei Lact. Div. Inst. VI, 24.

80 Excusacionem uicium est quaerere sed relinque omnia ad deum $\alpha\beta$ (wo sed [deo m. 2] derelinque omnia steht). — Dann fügen beide noch hinzu: Datam uitam quocienscumque dubitaueris sit eripienda a te, quoniam data eripi potest erepta reddi non potest.

81 subecit.

82 Est enim difficile α (Est enim difficillimum β).

83 Bene irascitur iniquus α (Bene inique irascitur), q. s. irascitur si in dolore α (sine dolore β).

84 licens tibi d. α.

85 Magnarum etiam rerum α. — adfuerit $\alpha\beta$.

86 und 87. Nobilitas animi generositas sensus. Nobilitas hominis generosus animus α. In β steht blos: Nobilitas enim hominis generosus animus.

88 qui senectutem $\alpha\beta$. — quam qui in otium uenit et tunc labor incipiat $\alpha\beta$ (letzterer et tunc incipiat laborare).

80 om. V. — Excusationem quaerere uitium (cet. om.) E. — Excusationem q. u. est: omnia ad deum relinque Vp Ep G. — Excusationem quaerere uitiis suis est omnia deo delegare P, was Wölfflin für verständlich hält, während ich darin keinen Sinn entdecken kann. Mir scheinen vielmehr die beiden Sentenzen von einander ganz unabhängig zu sein: Excusationem quaerere uitium est und omnia ad deum relinque (vgl. Ruf. 266 Omnem magis causam refer ad deum). Was den Beisatz in den Sangg. anbetrifft, so scheint er allerdings eine Sentenz zu enthalten, aber in so zerrütteter Gestalt, dass der Sinn gar nicht erkennbar ist; man vgl. noch Fabr. 63 Eripere uitam nemo non homini potest, angeblich aus Seneca's Thyestes, während die Stelle vielmehr aus Phoen. 152 entnommen ist.

81 om. V. — Putandus est recte fortior qui cupiditates tamquam hostes subicit Vp Ep (quam qui hostes VBd VI, 25). — Vgl. Or. 808, R. 510.

82 om. V. — Est difficillimum opus se i. u. P. Anton. περὶ ἀγάπης καὶ εἰρήνης als Spruch des Demokritos: τὸ νικᾶν αὐτὸν ἑαυτὸν πασῶν νικῶν πρώτη καὶ ἀρίστη.

83 om. V. — Vgl. n. 67.

84 Talem diligentiam exhibe in amiciciis comparandis, ut ne incipias amare, quem deinceps possis odisse Vp (ut incipias Ep, ne inc. Ep_2 und so F G, wo noch amicis steht).

85 Bonarum magnarumque rerum etiamsi successus non adfuit h. est i. e. P S.

86 und 87 „hominis“ scheint die richtigere Leseart.

88 qui senectutem ad locum quam in otium et tunc V. — Die letzten Worte scheinen doch kein blosser Zusatz zu sein; vielleicht lautete die Sentenz ursprünglich: H. est quem senectus ad otium retulit quam qui, cum eum in otio inuenerit, tunc incipit laborare. — Für den Gedanken vgl. Sen. Epist. 23, 11.

89 Turpe praebet spectaculum aeger animus β (in α fehlt „praebet“).

90 Numquam tristis eris si quociens (eris si β) tibi ipsi incommodo uixeris αβ (von zweiter Hand hat β Numq. t. facies sit tibi etc.).

92 om. „cum“ αβ.

93 Quomodo potentiam tuebor optime (cet. om.) α, Quomodo potentiam optime tuebor (m. 2 optinebo inpotentia) quam occasionis („potentia“ ante „occasionis“ s. l. add. m. 2) β.

94 Tenet locum proximum innocenciae confessio: ubi confessio irae ibi remissio α.

95 Seueritas abnio (in uitio m. 2 β) est, quia proximus iustitiae locus seueritas αβ.

96 Bonus iudex est qui dispensare potest non tantum α (in β, wo von zweiter Hand geschrieben wird: „Bonus iudex est qui nouit dispensare non tam quod damnandum sit sed quatinus“, ist die ursprüngliche Hand durch eine Rasur ganz zerstört).

97 s. n. 95.

98 Quietissime agerent α. — duo haec uerba αβ. — a natura rerum tollerentur α, natura rerum omnium tollerentur β.

Quidam uero tunc incipiunt (uiuere) cum desinendum est; 13, 17 Quid est turpius quam senex uiuere incipiens? vgl. Or. 481, R. 661.

89 praebet spectaculum Vp Ep G VBd V, 107 (der noch aeger animus liest) F (wo turbae steht). Vgl. Or. 47, R. 556.

91 Homo sum quum deuitabo secularium rerum V.

92 om. „cum“ V. — „cum“ ist jedenfalls zu streichen.

93 „impotentia occasionis“ ist sinnlos; vielleicht potentia occasionis, so dass zwischen potentia und potentiam eine Art Wortspiel stattfindet.

94 Proximum ad innocentiam tenet locum uerecundia et peccati confessio Vp Ep (uerecunda peccati Ep_2), uerecunda confessio F G. Vgl. Or. 851, R. 799.

95 Die Sangg. verbinden vielleicht richtig diese Sentenz mit n. 97, obwohl die Herstellung des Textes unmöglich ist.

96 Bonus iudex est qui nouit dispensare quod dandum est et quatinus Vp Ep G. Man bemerke, wie die zweite Hand im Sang. β mit den Lesearten der prov. Sen. übereinstimmt.

97 Vgl. Or. 103, R. 107 Bono iustitiae proxima est seueritas.

98 a natura V E. — Quietissime uiuerent homines in terris si duo uerba tollerentur, sc. meum et tuum Vp, Ep, si duo uerba de medio tollerentur meum sc. et tuum VBd V, 135, VI, 77, si duo uerba tollerent meum et t. F; vgl. Or. 638, R. 715. Aristides II, p. 331 τὸ γὰρ οὐ τὸ σὸν τοῦτο ἀλλ' ἐμὸν ἀρχὴ πάσης φιλονεικίας.

99 timet quam timendus est α.

100 amici tui α.

101 und 102 irritat. — indiget pecunia si tibi est cuius usura morbus.

103 esse diues αβ. — om. „et felix“ α.

105 antea tibi ipsimet dicito quam aliis α, antequam aliis tibi dicito β.

106 alter semper insanit, alter interdum irascitur αβ.

107 frueris bonis α.

99 Q. p. t. quam timidus est Vp Ep VBd VI, 77, vgl. Or. 616, R. 406. Man könnte nun allerdings „timendus“ vertheidigen, mit Rücksicht auf die „malesuada fames“, aber „timidus“ verdient entschieden den Vorzug, vgl. Lact. Div. Inst. VI, 17 Nemo dubitat quin timidi et imbecilli sit animi aut dolorem metuere aut egestatem aut exilium (Sen. Epist. 14, 3).

100 VBh IX, 102 Uires tuas magis amici beneficiis quam inimici iniuriis sentiant, was doch einen Sinn gibt, während die gewöhnliche Leseart rein sinnlos ist. Aber nicht mit Unrecht vermuthet Orelli, dass dies nur eine Verbesserung einer alten heidnischen Sentenz ist, die uns die prov. Sen. und sent. Syri erhalten haben: Uires tuas amici beneficiis, inimici iniuriis sentiant Vp Ep F G, vgl. Xen. Comm. II, 3, 14 καὶ μὴν πλείστου γε δοκεῖ ἀνὴρ ἐπαίνου ἄξιος εἶναι, ὃς ἂν φθάνῃ τοὺς μὲν πολεμίους κακῶς ποιῶν, τοὺς δὲ φίλους εὐεργετῶν.

101 und 102 irritat ideo semper indiges pecunia si tibi est cui ius usura morbi V, irritat. Homo semper indigens pecunia scit cum eius moribus conuenire E, vgl. Or. 58, R. 560 (Or. 59, R. 37). Ruf. 138 Inexplebilis est omnis cupiditas; propter ea et semper indiget. Die folgenden Worte bilden eine selbständige Sentenz, deren Sinn wahrscheinlich kein anderer ist, als dass sich der Gebrauch des Geldes nach dem Charakter des jedesmaligen Besitzers richte, also etwa: Pecunia si tibi est, eius usura conueniet moribus tuis.

103 Für den Gedanken vgl. Sen. Epist. 14, 18 Nemo sollicito bono fruitur, Aus. S. s. s. 4, 2 Plus est sollicitus magis beatus.

104 Vgl. n. 9, Stob. Flor. 36, 19.

105 om. „dixeris“ V.

106 alter non semper irascitur E_2. Inter iratum et insanum nihil nisi dies instat. Alter enim semper insanit alter dum irascitur P 8069 und 4841. Plut. apophth. Cat. mai. 16 Τὸν ὀργιζόμενον ἐνόμιζε τοῦ μαινομένου χρόνῳ διαφέρειν (vgl. Stob. Flor. 20, 68). Philemon bei Stob. Flor. 20, 4 μαινόμεθα πάντες ὁπόταν ὀργιζώμεθα, Sen. de ira 1, 1, 2 Quidam itaque ex sapientibus uiris iram dixerunt breuem insaniam. — Es ist jedenfalls zu schreiben alter semper insanit alter dum irascitur.

107 om. „quae uituperaueris“ V. — Facillime bonam existimationem mereberis si ea uitaueris quae uituperaberis P. — Vielleicht „bona fama frueris“; denn „bonis frueris“ ist doch nicht recht verständlich.

108 alios $\alpha\beta$. — te ipsum maxime uerere $\alpha\beta$. — nam sine aliis saepe esse p. $\alpha\beta$.

109 pudeat te $\alpha\beta$.

111 tibi autem numquam α.

112 adicias $\alpha\beta$.

113 Stultum est autem α. — om. „quasi“ $\alpha\beta$. — adsiduus $\alpha\beta$.

114 Nach parcit fügen beide codd. hinzu: Si factum est quid times quod certum est.

115 sibi ipsi conuicium f. $\alpha\beta$ (conuicia m. 2 β).

108 Cum alios tum te maxime uerere. Sine aliis saepe, sine te numquam esse potes P 8069, Cum alios tu maxime uerere etc. P 4841. Plut. apophth. Cat. mai. 9 μάλιστα δὲ ἐνόμιζε δεῖν ἕκαστον αὑτὸν αἰδεῖσθαι· μηδένα γὰρ ἑαυτοῦ μηδέποτε χωρὶς εἶναι (Stob. Flor. 31, 11). — Richtig ist Cum alios tum te ipsum maxime uerere.

109 Si bene te institueris pudeat te fieri deteriorem Vp Ep F G (wo „te“ fehlt) P (wo pudebit te deteriorem fieri). — Es ist wohl zu schreiben pudeat te deteriorem fieri.

110 Quod persuaderis diuturnum est quod aegeris in occasione est P.

111 Alteri semper ignosce tibi numquam P 8069 (Alteri saepe P 4841). Alteri saepe ignoscito tibi numquam F (vgl. Wölfflin Caec. Balb. p. 18) VBd V, 68 Seneca in libro de moribus: alteri semper ignoscito tibi ipsi numquam. — Vgl. Or. 293, R. 208. — Aus. S. s. s. 3, 4 Ignoscas aliis multa, nihil tibi (Fabr. 107 sed nihil tibi). — Plut. Cat. mai. 8 extr. καὶ συγγνώμην ἔφη διδόναι πᾶσι τοῖς ἁμαρτάνουσι πλὴν αὑτοῦ (Plut. apophth. Cat. mai. 8). — Was die ähnliche Sentenz in den prov. Sen. und sent. Syri „Optimum est semper ignoscere, tamquam si ipse pecces quotidie“ anbetrifft, so stammt sie aus Plin. Epist. VIII, 22, 2 Atque ego optimum et emendatissimum existimo qui ceteris ita ignoscit tamquam ipse cotidie peccet.

112 quantum ex uoluntate detraxeris P. Anton. et Maxim. περὶ βίου καὶ ἀρετῆς als Spruch des Demonax: τοσοῦτον εἰς ἀρετὴν προσθήσεις ὅσον ἂν ὑφέλῃς τῶν ἡδονῶν.

113 adsiduus ist richtig.

114 Bonis nocet qui malis placet P. Bonis nocet qui parcit malis Vp Gr., Bonis nocet quisquis pepercerit malis Ep; vgl .Or. 101, R. 564, Aus. S. s. s. 3, 5 Parcit quisque malis perdere uult bonos, Stob. Flor. 46. 112 Οἱ μὴ κολάζοντες τοὺς κακοὺς βούλονται ἀδικεῖσθαι τοὺς ἀγαθούς (vgl. 25). — Der Zusatz in den beiden Sangg. ist zu schreiben Si fatum est quid times q. c. est, womit man Aus. S. s. s. 5, 6 vergleichen möge: Certa si decreta sors est, quid cauere proderit?

115 conuitium E. Plerique cum stultis male dicunt ipsi sibi conuitium faciunt Vp Ep F G VBd V, 172; vgl. Or. 849, R. 797. Multi dum malis maledicunt sibi conuitium faciunt P. — Richtig ist aliis und conuicium. Vgl. Philemon

116 „est“ m. 2 β. — quam quod obicitur in obiciente cognosce passionem αβ.

117 mancipiaris animi imperio α. — redige αβ. — linguam uentrem libidinemque α. — Cupiditatemque obprime β (α blos obprime). — paulolum remitte cupiditatem α.

119 amorem libidinum et pecuniae α. — causa sui α. Darauf folgen einige mir ganz unverständliche Sätze: Dignus tibi sit coram quo pie uiuere peccare autem pudeat te (β om. „pie uiuere“ et „autem“). Adolescens si feminis adornaueris iniuriam facere cogitas, si uiris adornaueris accipere tibi non est quod (accipere non quidem β) insolenter felicitatem fatearis (fateris β) quod non fuisse tibi inspira (fuisset tibi inspiratum β).

120 pudor rerum per uerba dediscitur.

122 innocentia in uita ab eo recedit cum quo diu fuit β.

124 Merito enim damnati pena est damnatio, immerito damnati calamitas.

bei Stob. Flor. 19, 2 ὁ λοιδορῶν γάρ, ἂν ὁ λοιδορούμενος μὴ προσποιῆται, λοιδορεῖται λοιδορῶν.

116 geben Vp Ep F G verbunden mit dem vorausgehenden Spruche in folgender Form: Perturpe enim est quod obicitur in obiciente cognosci. — Nichil autem est turpius quam quod obicitur in obicientem agnoscere P.

117 Vgl. n. 15, welche Sentenz hier ungeschickt wiederholt ist. — redige V. — In P steht Morbos cupiditatem si opprimere non potueris paululum remitte, wornach man schliessen kann, dass dieser Spruch einmal mit n. 101 und 102 verbunden war.

118 Saepe quae ratione non poterant sancta sunt tempore P.

119 pecuniae uel libidinis amorem Vp Ep G. Qui propter amorem pecuniae moritur etc. P.

120 pudor rerum Vp Ep. Mit dem gew. Texte stimmen F G VBd V, 170. Richtig ist pudor rerum und dediscitur.

121 dominus spectetur P, spectetur dominus S.

122 Consuetudinaria res est innocentia inuitabilia ab eo cedit cum quo diu fuerit P (wodurch der Beisatz im Sang. β bestätigt wird). Der Sinn des Spruches bleibt mir unerklärlich.

123 und 124 Merito pena damnata est damnatio immerito est damnari V, poena est damnatio imerito damnata est calamitas E (damnatio immerita damnantis est calamitas E_2). Die Sentenz 124 ist in den Sangg. richtig erhalten.

125 Die Sentenz kann in der vorliegenden Form nicht richtig sein.

126 Uideri uis ab hominibus annon numquam b. h. longa simulacio est $\alpha\beta$ (der „est" weglässt).

127 Quod de alienis mentibus iudicas, ex tuis iudices.

128 pauci sunt $\alpha\beta$. — fragilis est $\alpha\beta$.

129 om. „quae" $\alpha\beta$.

130 scribens . . . om. „quod" $\alpha\beta$.

131 ostendit satis p. aduersus alienos sibi defuisse.

132 Nach loqui folgt: Non quicquid inprobi meruerint (merentur β) id probi debent dicere. Longaeuitas bonis optabilis est.

133 steht in $\alpha\beta$ nach n. 136, wobei noch die Wortstellung in contemptum pauperi eine andere ist.

126 om. „longa est" V. — Es scheinen hier zwei Sentenzen, von deren ersterer nur ein Theil übrig ist, ungeschickt verschmolzen zu sein. Für den Schluss vergleiche man Ruf. 314 Nulla simulatio multo tempore latebit maxime in fine und dessen Quelle Demophili sent. n. 23 (Or. I, 40) ἴσθι ὡς οὐδεμία προσποίησις πολλῷ χρόνῳ λανθάνει.

127 Der Satz ist mir weder in der Form, wie sie die Sangg., noch in der, wie sie die alten Ausgaben bieten, verständlich.

128 om. „sunt" et „tenax" V. — Ite uera memoria beneficiorum fragilis est iniuriarum tenax Vp Ep F G VBd V, 54, 135 (wo iniuriae steht). Multi beneficiis obligandi sed pauci iniuriis offendendi. Nam memoria beneficiorum fragilis est iniuriae tenax P. — Natürlich ist „fragilis" zu schreiben.

129 blande . . . om. „quae" VE. Obiurgationi s. a. blande admisce Vp Ep, O. semper blanditiae aliquid admisce G. Obi. s. a. admisce blanditiae VBd V, 69. Obiurgationibus blandi quid semper admisce; familiarius enim et altius penetrant quae molli uia uadunt. Insectatio ipsa moderata sit; nemo enim se mutat qui desperauit P.

130 scribens aliquid dicturus es VE. Quoties scribis aliquid aediturus scito te morum tuorum populo cyrographum dare P (wo der Eingang richtig überliefert ist).

131 om. „fuisse sui" VE. Qui seruus crudelis est ostendit in aliis uoluntatem non deesse sed potestatem Vp Ep (seruis Ep_2, seruis und non uoluntatem sibi deesse F). Ostendit in aliis quidem non uoluntatem sibi deesse sed potestatem qui ob hoc iniuriam facit quia potest VBd VI, 17. Qui in seruo crudelis est satis ostendit aduersus alium potestatem sibi deesse non uoluntatem P. — Richtig ist „potestatem aduersus alios sibi defuisse".

132 om. „et" VBd V, 92 (wo loqui nescit), 170, VI, 29, F P; vgl. Or. 752, R. 757, Wölfflin Caec. Balb. p. 86, Aus. S. s. s. 2, 1 Loqui ignorabit qui tacere nesciet. Was die Sentenz Non quicquid etc. anbetrifft, so findet sie sich auch im cod. P. Non quicquid inprobi audire meruerint debent probi dicere.

133 auch VBh IX, 102. effugere contentum P.

134 Ähnliches bei Sen. Epist. 43, 5.

135 om „In“ $\alpha\beta$. — om. „est“ α. — effugere $\alpha\beta$.

136 amicos multos.

137 felicitas est.

138 Arcum intentio frangit animum remissio.

139 scelere scelus α.

140 est uir α. — produxit affectu $\alpha\beta$. — ut non tantum non uelit peccare sed non possit α. — In cod. β ist der Spruch angefügt: Satius est libertis superstitem esse quam libertatis.

141 peius est α. — hi autem $\alpha\beta$.

142 se esse α. — Num diues . . . om. „suis“ α. — se gloriabitur β. — arripit $\alpha\beta$.

143 om. „se“ β. — gloriabitur $\alpha\beta$. — esse misericordiae tuae α. — socios t. b. ingemiscet α. — beatitudinis. Explicit β.

135 est effugere V. Nach dem vorausgehenden conscientia kann man wohl eher an A malis h. als an In malis h. denken.

136 Nulla p. est domus quae multos capit amicos. Nam ut illam fortuna anguste amicitia ampliauit P. — N. p. d. quae multos recipit amicos Vp Ep Gr.; F G (wo aber Non est p. d. steht), vgl. Or. 840, R. 792.

137 Scire uti felicitatem felicitas maxima est P. — „felicitate“ gibt unstreitig einen besseren Sinn als „paupertate“.

138 nimium V, om. „nimia“ E. — Arcum intentio frangit animum remissio P, vgl. Or. 53, R. 730. Die Sangg. und cod. P geben die richtige Leseart, wie aus der Parallelstelle bei Plut. an seni sit g. r. 16 hervorgeht τόξον μὲν γάρ, ὥς φασιν, ἐπιτεινόμενον ῥήγνυται, ψυχὴ δὲ ἀνιεμένη.

139 uindicandum est Vp Ep VB V, 136. Non uindicandum scelere si possis scelus Fabr. 202. — Offenbar ist uindicandum das Richtigere, vgl. Sen. Thyest. 1104 scelere quis pensat scelus.

140 Vgl. Democr. sent. n. 27 (Or. I, 27) ἀγαθὸν οὐ τὸ μὴ ἀδικέειν, ἀλλὰ τὸ μηδὲ ἐθέλειν, Philemon bei Stob. Flor. 9, 22. — Was den in β beigefügten Spruch anbetrifft, so lautete er wohl: Satius est liberis superstitem esse quam libertati.

141 Regibus est peius multo quam seruientibus. Re uera quia illi singulos isti uniuersos timent Vp Ep (B. peius est multo quam ipsis seruientibus quia singulos isti illi uniuersos timent F), vgl. Or. 856, R. 803.

142 effecit egritudo V, aegritudo effecit E. — operibus V. — om. „spem“ V. — affecta E_2.

143 ingemiscit im Sang. α ist die richtige Leseart. Übrigens gehört diese Sentenz zu dem oben erwähnten zweiten Theile, der jedenfalls erst später an unsere Sammlung angefügt wurde.

Wir wollen nun die Resultate, welche sich aus den bisherigen Erörterungen ergeben, kurz und übersichtlich zusammenstellen. Was zuerst das Verhältniss unserer Sammlung zu den sogenannten proverbia Senecae, dem cod. Frisingensis und dem Florilegium im cod. Parisinus 4841 anbetrifft, so haben alle diese Sammlungen eine grosse Anzahl von Sentenzen gemein und müssen daher auf eine und dieselbe Quelle zurückgehen. Vergleicht man den liber Senecae mit dem cod. Frising., so ergibt sich, dass der erstere seinem grösseren Theile nach auch in jener Handschrift enthalten ist; denn von den 143 Sentenzen unserer Sammlung fehlen in dem Frising. nur 62, nämlich 4, 5, 7, 11, 15 (117), 18, 29, 36, 41, 42, 48, 49, 53, 54, 57, 59, 66—71, 77, 80, 83, 85—88, 91—93, 95, 96, 101, 102, 104, 105, 107, 108, 110—113, 118, 119, 121—127, 129, 130, 133—135, 137, 139, 142, 143, wobei wir freilich keine Rücksicht darauf nehmen, ob die anderen Sentenzen auch ihrem ganzen Umfange nach im Frising. vorkommen [1]). Noch grösser ist die Anzahl von Sätzen, welche der liber Senecae mit den proverbia Senecae gemein hat, indem in der letzteren Sammlung nur 58 Sprüche fehlen, nämlich 4, 7, 15 (117), 19, 29, 35, 36, 41, 42, 48, 49, 53—55, 57, 59, 66, 67, 70, 71, 77, 83, 85—88, 91—93, 95, 97, 101, 102, 104, 105, 107, 108, 110—113, 118, 121—127, 130, 132—135, 137, 142, 143. Im cod. Paris. finden wir folgende Sentenzen aus unserer Sammlung 12, 14—16, 70, 71, 82, 106—112, 114—122, 128—133, 136—138, im Ganzen also 31. Übrigens bemerke man, dass, während der Frising. und die proverbia Senecae mehr Sentenzen aus der ersten Hälfte unserer Sammlung enthalten, im cod. Paris. meistens Sprüche aus der zweiten Hälfte vorkommen.

Diese Sentenzen erscheinen nun in den genannten Florilegien gewöhnlich nicht in gleicher Gestalt; vielmehr ist der Text, was die Fassung und den Umfang anbetrifft, an sehr vielen Stellen verschieden. So hat, um nur einige Beispiele anzuführen, n. 10 unsere Sammlung die richtige Leseart Multos bewahrt, während Fris. und

---

[1]) Ich kann natürlich über den Frising. nur nach den Angaben von Gruter und Sartori (in der ed. Palavina 1769) urtheilen, da ich eine neue Collation dieser Handschrift nicht besitze. Für den Zweck der vorliegenden Schrift ist dies von geringem Belange, da es sich hier blos um einige allgemeine Grundzüge, keineswegs aber um eine erschöpfende Untersuchung handelt, die ich, wie schon früher bemerkt wurde, gerne Anderen überlasse.

proverb. unpassend Omnes lesen; dagegen haben wieder diese n. 44 (nisi animus magna despiciens), 99 (quam timidus est) die echte Überlieferung erhalten. Die Sentenz 80 erscheint in dem liber Senecae und den proverb. in der richtigen Form Excusationem quaerere uitium est. Omnia relinque ad deum, im Paris. ist sie bis zur Unkenntlichkeit entstellt (Excusationem quaerere uitiis suis est omnia deo delegare). Andererseits wäre es ohne Hilfe des Paris. nicht möglich gewesen, aus n. 70 und 71 einen Sinn zu gewinnen, da dieser Spruch in den Handschriften des liber Senecae durch die Interpolationen amicitias und uanitates rein unverständlich geworden ist. Dass auch der Umfang der einzelnen Sprüche in den verschiedenen Sammlungen verschieden ist, mögen folgende Beispiele beweisen: n. 11 lautet in unserem florilegium Tristitiam si potes non admiseris, si minus non ostenderis, im Frising. und den proverb. findet sich nur der erste Theil; n. 28 hat unsere Sammlung blos Optimus ergo animus (et) pulcherrimus dei cultor (cultus) est, im Frising. und den prouerb. geht noch ein ziemlich langer Satz voraus; n. 136 fügt der Paris. noch die Worte hinzu Nam ut illam fortuna anguste (vielleicht angustam fecit ita) amicitia ampliauit u. dgl. Überhaupt sind die Sentenzen in den einzelnen Sammlungen sehr willkürlich behandelt; da findet man Wörter ausgelassen, hier andere hinzugefügt, da ist die Satzbildung, hier die Wortstellung verändert. Endlich sind fast alle Handschriften dieser Florilegien, wenn auch nicht selten von hohem Alter, doch von geringem Werthe, da sie meistens von ganz unwissenden Leuten geschrieben sind und daher eine Masse der albernsten Fehler enthalten. Man sieht, dass wir hier mit der Überlieferung ziemlich schlecht daran sind und es mitunter kaum möglich ist, die ursprüngliche Form nur annähernd herzustellen.

Wenn wir weiterhin nach den Quellen fragen, aus denen unsere Sammlung geflossen ist, so lässt sich darüber nach den vorausgehenden Erörterungen Folgendes bemerken. Wörtliche Entlehnungen aus Schriftstellern lassen sich nur in geringer Zahl nachweisen; so sind n. 40, 41 und 43 dem Buche de remediis fortuitorum [1]), n. 3

[1]) Ob dieses Buch in der Form, wie es uns gegenwärtig vorliegt, dem Seneca angehört, bleibt sehr zweifelhaft, und nicht mit Unrecht bemerkt Bernhardy S. 725, dass der alte Kern in dieser Schrift geringer anzuschlagen sei als es Haase thue. Wenn

und 4 aus Lactantius (Divinae institutiones), n. 18 aus Cicero (Cato maior) entnommen. Viel häufiger finden sich entschiedene Nachbildungen von Sätzen aus Schriften des Seneca, besonders den Epistulae morales, wie n. 1, 47, 48, 64, 65, 72, 88, oder von Stellen aus dem genannten Hauptwerke des Lactantius, wie 1, 29, 49, 99. Sehr gross ist die Anzahl von dicta philosophorum, die aus griechischen Originalstellen übersetzt oder ihnen nachgebildet sind; so gehen auf sententiae septem sapientium folgende Nummern zurück: 5, 7, 8, 11, 30, 36, 46, 51, 62, 67, 72, 78, 111, 114, 132, auf Aussprüche des Demokritos n. 82 und 140, des Demonax n. 112; Pythagoreischen Ursprunges sind n. 28 und 126, ferner die Sentenzen, welche in mehr oder weniger gleicher Form in dem Enchiridion oder dem Annulus aureus des Rufinus vorkommen, nämlich 6, 25, 80, 101, 126. Noch sei bemerkt, dass für n. 138 ein griechisches Sprichwort bei Plutarchos, für 9 und 50 Stellen aus Isokrates an Demonikos die Quelle bilden; n. 19 ist uns sonst als Ausspruch des Aristippos, n. 106, 108 und 111 als Apophthegmata des älteren Cato überliefert; an zwei Stellen bemerkt man auch Anklänge an die Bibel, nämlich n. 11 und 19. Endlich müssen auch hie und da metrische Excerpte benützt sein; um nur ein Beispiel anzuführen, lassen sich in n. 10 und 23 vollständige trochäische Tetrameter nicht verkennen. Da aber hier sehr schwer etwas Sicheres festzustellen ist, so begnügen wir uns mit dieser einfachen Andeutung.

Interessant ist es hiebei zu sehen, wie die Sammler mit dem ihnen vorliegenden Materiale umgingen. Nicht genug, dass sie den Text nach Belieben änderten, wobei es hauptsächlich darauf abgesehen war, für die Sentenzen eine starke Pointe, z. B. eine witzige Antithese zu gewinnen, so erlaubten sie sich sogar, zwei Sätze zu einem Ganzen zu verbinden und so eine neue Sentenz zu schaffen. So geht z. B. der erste Theil von n. 10 wahrscheinlich auf einen

---

man die Handschriften genauer vergleichen wird, so dürfte sich wohl herausstellen, dass der Umfang des Buches bald grösser, bald kleiner überliefert ist. Dies ersieht man auch, wie übrigens schon Haase selbst bemerkt hat (p. XXI), aus unserer Sammlung, wo sich n. 42 mitten unter Sätzen aus der Schrift de remediis fortuitorum eine Sentenz findet, die der Form nach den anderen völlig gleicht und doch nicht in jenem Buche vorkommt. Und diese Sentenz zählt wieder im Sang. α um zwei Sätze mehr als in den anderen Handschriften.

Vers, einen trochäischen Tetrameter, zurück, der andere Theil ist aus einem Briefe des Seneca entnommen. Die gleich folgende Sentenz scheint zum Theile einem Spruche der Bibel, zum Theile einer Gnome des Periandros nachgebildet zu sein, und ähnliches gilt von n. 26, 80 u. a. [1]). Hie und da hat wohl der Sammler auch eigene Sätze beigefügt oder die ganze Sentenz neu gemacht, indem er blos irgend einen Gedanken woher entlehnte. Und so mag denn in manchen dieser Sprüche das Körnchen Alterthum, welches sie enthalten, sehr unbedeutend sein. Das sind also, so weit wir forschen konnten, die Quellen für diese Sammlung und das Verfahren, das man bei der Zusammenstellung befolgte, und damit schwindet auch jede Hoffnung, dass uns in einigen dieser Sentenzen Bruchstücke aus verlorenen Werken des Seneca erhalten sein könnten.

Wo ist nun die gemeinschaftliche Quelle für die genannten Sammlungen zu suchen? Ich vermuthe, dass im IV. oder V. Jahrhunderte mehrere grössere Florilegien vorhanden waren, in welchen die einzelnen Sentenzen nach einem ethischen Schema ähnlich, wie in dem Anthologion des Stobaios oder den Parallelen des Joannes Damaskenos, angeordnet waren. Davon bieten auch jene Stücke im cod. Frising., die Wölfflin in seinem angeblichen Caecilius Balbus p. 18 ff. mitgetheilt hat, noch immer deutliche Spuren [2]). Diese Florilegien enthielten Excerpte aus heidnischen und christlichen Autoren, wie dies ebenso bei den genannten Parallelen des Joannes der Fall ist [3]). Daneben gab es auch eine Sammlung von einzelnen jambischen und trochäischen Versen, die nach griechischen

---

[1]) Davon muss man natürlich das Verfahren der Abschreiber wohl unterscheiden, die sehr häufig zwei auf einander folgende Sentenzen durch ein enim, autem, vero mit einander in Verbindung brachten, ohne dabei den Sinn irgendwie in Betracht zu ziehen, z. B. n. 3 und 4, wo die Handschriften nulla enim oder nulla autem bieten, die beiden Sätze aber ganz verschiedene und auch dem Gedanken nach nicht zusammengehörige Stellen des Lactantius enthalten.

[2]) Auch in unserer Sammlung stehen häufig Sentenzen neben einander, die denselben oder doch einen ähnlichen Gedanken enthalten, z. B. 44—46, 50 und 51, 63—65, 81 und 82 u. dgl.

[3]) So sind auch in der Sammlung im Frising. und den Proverb. Senecae mehrere christliche Sentenzen zu finden, z. B. Qui succurrere perituro potest cum non succurrit occidit (Vp Ep F), was aus Lact. Div. Inst. VI, 11 genommen ist, Adulter est uxoris amator acrior Or. 8, R. 546, das mit Ruf. 222 Adulter est in suam uxorem omnis impudicus amator ardentior zusammenstimmt, wenngleich auch diese Sentenz zuletzt auf Sen. de const. sap. 7, 4 zurückgehen mag, u. dgl. m.

Vorbildern angelegt und entweder nach einem ähnlichen Schema oder ohne alle Rücksicht darauf rein alphabetisch angeordnet war. Dieselbe war hauptsächlich aus Publius Syrus gezogen, dann aber mit Versen anderer Komiker, besonders des Terentius, und auch Tragiker, wie des Seneca, versetzt. Dass eine solche schon zu den Zeiten des Hieronymus vorhanden war und in den Schulen gebraucht wurde, geht aus der bekannten Stelle in dem Briefe an Laeta CVII (I, 679 ed. Vallars.) hervor[1]). Überhaupt scheinen damals solche moralische Sentenzensammlungen in Schwung gekommen zu sein: denn aus dieser Zeit haben wir ja auch den mehrfach erwähnten Annulus aureus, die christliche Bearbeitung einer Pythagoreischen Spruchsammlung von Rufinus, dem berühmten Gegner des Hieronymus[2]).

Von diesen Florilegien sind uns nun Trümmer und Excerpte aller Art erhalten[3]), wobei die Überlieferung auf die willkürlichste Weise behandelt wurde. Man erweiterte und verkürzte nach Belieben, man ersetzte die classische Form durch die platte und verwaschene Sprache der späteren Zeit, man ging endlich mit den Namen, die den einzelnen Sprüchen beigefügt waren, ganz willkürlich um, weil es eben blosse Namen waren und man die meisten Philosophen und anderen Schriftsteller gar nicht kannte. War schon frühzeitig, wie man dies aus Plutarch's Apophthegmata ersehen kann, die Tradition in's Schwanken gerathen und wurden schon damals einzelne Aussprüche bald diesem, bald jenem beigelegt, was musste erst in den späteren Zeiten geschehen? Nebstdem dass bei vielen Sentenzen

---

1) Legi quondam in scholis puer: 'aegre reprehendas quod sinas consuescere' (Or. 9, R. 7).

2) Vgl. Orelli Opusc. Graec. vet. sent. I. p. XIV ff., p. 372 ff.

3) So findet sich auch in dem früher (Anm. 20) erwähnten Sang. 899 ein Bruchstück einer solchen Sammlung, die den proverbia Senecae ähnlich, aber etwas kürzer gewesen zu sein scheint, p. 108: „Prestabis parentibus pietatem cognatis dilectionem. Prestabis amicis fidem omnibus aequitatem. Pacem cum omnibus habebis bella cum uitiis. Peiora sunt tecta odia quam aperta. Propterea te loquax inimicus minus quam taciturnus offendit. Perturpe est enim quod obiicitur in obiiciente cognosci. Semper dissensio ab alio incipiat a te reconciliatio. Succurre paupertati amicorum immo potius occurres. Talem diligentiam exhibe in amicitiis tuis comparandis ne incipias amare quem deinceps possis odire. Tu primum exhibe te bonum et sic quaere alterum similem tui. Turpius nihil est quam cum eo bellum gerere cum quo familiariter uixeris. Uires tuas amici beneficiis inimici iniuriis sentiant. Res magnae clementiae est indulgendo corrigere peccata quam iudicando.

jede Bezeichnung verloren ging, wurden die unbekannten Namen häufig durch bekannte ersetzt, wobei gewisse stereotype Namen, wie Socrates, Seneca u. dgl., den Vorzug erhielten. So wird es denn begreiflich, wie unter deren Namen Sentenzen erscheinen, die doch von ihnen unmöglich herrühren können [1]). Aus diesen Florilegien oder aus Excerpten derselben sammelte man nun etwa im VI. Jahrhunderte die Sprüche, welche einzelnen Autoren angehörten, und so entstanden die Sammlungen, die uns gegenwärtig unter dem Namen des Seneca, des Cato, des Varro vorliegen. Alle diese enthalten einzelne Sätze, die wirklich jenen Schriftstellern angehören, aber die grosse Masse ist ein buntes Gemisch, das aus den verschiedenartigsten Quellen geflossen ist. Was die Form anbetrifft, so hatte sie schon bei der Aufnahme in die Florilegien und beim Excerpiren derselben gelitten; nun wurde sie erst recht in der willkürlichsten Weise behandelt.

Von dem liber Senecae wissen wir, wie bereits im Eingange dieses Abschnittes bemerkt wurde, dass er schon im VI. Jahrhunderte, und zwar in derselben oder einer sehr ähnlichen Gestalt, wie er uns gegenwärtig vorliegt, vorhanden war. Die christlichen Anklänge, die sich hie und da in den Sentenzen finden [2]), können uns nicht befremden. Schon frühzeitig hatte man bemerkt, dass manche seiner Aussprüche mit Worten der Bibel eine auffallende Ähnlichkeit

---

[1]) Ein hübsches Pröbchen, das übrigens nicht ohne einen gewissen Humor zusammengestellt ist, gibt der in der vorhergehenden Anmerkung genannte Sang. 899, p. 132:

Dicta philosophorum.
Bonum est mulierem non tangere (Nov. Test. I Cor. 7, 1).

Dixit et	Menandrus	Bonum est eis si permanserint ut ego (Nov. Test. I Cor., 7, 8).
	Aratus	Puto hoc esse bonum propter instantem necessitatem (vgl. Vet. Test. Ecclesiast. 38, 1).
	Turnus	O decus Italiae uirgo (Verg. Aen. XI, 508).
	Ermon	Mulierum decipere consilia (Ähnliches Stob. Flor. 73, 59).
	Terentius	Quid est hoc omnes socrus oderunt nurus (Hec. II, 1 4).
	Comicus	Nihil est dictum quod non sit dictum prius (Eun. prol. 41).
	Don	Uarius et mutabilis mundus per feminam.
	Socrates	Sciebam futurum ut ista tonitrua imber sequeretur (Diog. Laert. II, 36).
	Et alius	Et hic soccus quem cernitis uobis nouus et elegans. Sed nemo scit praeter me ubi me premit (Plut. Γαμ. παραγγ. p. 141. a bei Stob. Flor. 74, 45).

[2]) Vgl. auch die Anmerkungen zu n. 47 und 100.

zeigten, in welcher Beziehung wir nur auf die merkwürdige Stelle bei Lact. Div. Inst. I, 5 a. E. verweisen. Dies gab dann Veranlassung zu jenem bekannten Falsificate eines Briefwechsels zwischen dem Philosophen und dem Apostel Paulus, welches Machwerk Hieronymus gläubig als echt annahm und auf Grundlage dessen dem Seneca einen Platz in dem Catalogus sanctorum einräumte. Da nun Nero, wie natürlich, als der erste und ärgste Verfolger der Christen betrachtet wurde (vgl. de mort. persec. c. 2) und Seneca ein Opfer von dessen Grausamkeit geworden war, erschien der Philosoph ganz und gar unter dem Bilde eines christlichen Märtyrers. Und daher trug man auch kein Bedenken, ihm christliche Sentenzen in den Mund zu legen. Dieser liber Senecae hat nun auch bewirkt, dass die Sammlung der Monosticha in vielen Handschriften den Titel Proverbia Senecae erhielt. Was die angeblichen sententiae Catonis im Paris. 4841 (vgl. Phil. IX, 679 ff.) anbetrifft, so sind sie, wie dies schon Jordan, Rhein. Mus. XIV, S. 261 ff., richtig erkannt hat, ein ähnliches Sammelsurium wie der liber Senecae. Und dasselbe gilt von den sententiae Varronis, die neuerdings Ch. Chappuis in seiner Ausgabe [1]) p. 38 ff. als echt zu erweisen gesucht hat. Jedenfalls aber ist es gefehlt, diese Sammlungen tief in's Mittelalter zu versetzen, wie dies z. B. Bernhardy S. 339 zu wollen scheint, da dieselben vielmehr am Eingange desselben entstanden sind.

Ein anderes Geschick als diese Florilegien erfuhr die Sammlung von Monosticha, der wir früher gedacht haben, indem nämlich dieselbe mannigfach interpolirt und erweitert wurde. Zuerst versificirte man, freilich so gut als dies anging, eine Reihe von dicta philosophorum, Sprüchwörter u. dgl., übersetzte Verse aus Menander's Monosticha [2]) und ähnlichen Florilegien, und ordnete diese alle der alphabetischen Reihenfolge gemäss in die Sammlung ein.

---

[1]) Sentences de M. Terentius Varron et liste de ses ouvrages d'après différents manuscrits par Charles Chappuis. Paris, 1856. — Alles Grundes entbehrt die Hypothese von Mercklin im Phil. II, S. 482, der als den Verfasser jener Sentenzensammlung einen obscuren Dichter und Grammatiker Namens Varro aus dem Karolingischen Zeitalter ansehen will. Übrigens sei hier noch bemerkt, dass mit dem Citate aus dem Liber moralitatum elegantissimus bei Oehler (M. Ter. Varr. Sat. Menipp. reliq. p. 9) „Uarro in sententiis libro septimo“, wenn überhaupt etwas darauf zu geben ist, wohl nicht das siebente Buch einer Sentenzensammlung des Varro, sondern vielmehr eines grösseren Florilegium bezeichnet ist.

[2]) Vgl. Ribbeck unter n. 10, 20, 48 u. ö.

Späterhin wurden noch mehr prosaische Sentenzen aufgenommen, wobei man, um dieselben in den Monosticha unterzubringen, ein doppeltes Verfahren einschlug. Entweder löste man sie nämlich, wenn sie etwas grösser waren, in einzelne Zeilen auf und stellte dann an den Anfang jeder Zeile ein Wort mit dem gleichen Anfangsbuchstaben oder man hob aus denselben einen Satz heraus und beseitigte das übrige. Um diesen Zeilen die gleiche Länge mit den Versen zu geben, scheint man die Sylben abgezählt zu haben, da man damals, was die Messung der Jamben und Trochäen anbetrifft, entweder gar keine oder nur sehr ungenaue Kenntnisse besass. Um dies durch ein Beispiel zu erklären, wollen wir die Form einiger Sentenzen im liber Senecae und den Γνῶμαι μονόστιχοι in Betracht ziehen. Der erste Spruch in der angeblichen Schrift des Seneca lautet: Omne peccatum actio est. actio autem omnis uoluntaria est tam honesta quam turpis: ergo uoluntarium est omne peccatum. Tollite excusationes: nemo peccat inuitus; in den proverbia Senecae ist er in die folgenden vier Zeilen zerlegt:

Omne peccatum est actio
Omnis actio est uoluntaria tam turpis quam honesta.
Omne ergo peccatum uoluntarium est.
Omitte excusationem: nemo peccat inuitus.

von denen sich die letzte auch im Frising. findet. Ebenso ist die zweite Sentenz im Frising. und den proverb. Senecae in zwei Zeilen mit gleichen Anfangsbuchstaben getheilt, nämlich:

Utilis educatio et disciplina mores facit.
Unde bona consuetudo excutere debet quae mala instruxit.

Von dem anderen Verfahren gibt n. 18 Zeugniss, wo aus der Stelle des Cicero nur die Worte Monstro similis est auaritia unica (Corruptel statt senilis) ausgewählt und als Sentenz unter M eingereiht wurde, oder n. 94, wo nur der erste Theil Proximum ad innocentiam tenet locum uerecunda (peccati) confessio in die Monosticha aufgenommen ist. Da nun auch die wirklichen Verse bei der Überlieferung durch Umstellungen der Wörter nach der gewöhnlichen Wortfolge, durch Einschiebungen, Auslassungen u. dgl. vielfach entstellt sind, so ist es natürlich oft sehr schwer zu entscheiden, ob eine Sentenz ursprünglich als Vers abgefasst war oder nicht.

Es ist klar, dass es unter solchen Verhältnissen die Hauptsache bleibt, das handschriftliche Materiale für diese Untersuchungen mit der möglichsten Genauigkeit und Vollständigkeit herbeizuschaffen. Man wird dann wenigstens der Form, in welcher diese Sammlungen im VI. oder VII. Jahrhunderte vorlagen, näher kommen und dadurch auch einen Einblick in die früheren Zeiten gewinnen. Darum möge hier noch am Schlusse das Bruchstück im cod. Vindobonensis n. 368, saec. X oder XI, auf welches auch Wölfflin, Rhein. Mus. XVI, S. 616, aufmerksam macht, mitgetheilt werden. In dieser Handschrift findet sich nämlich am Ende f. 91 ein Blatt, das auf beiden Seiten beschrieben ist und das Fragment einer ähnlichen Sammlung, wie im cod. Frisingensis, nämlich die Buchstaben A—C enthält. Darnach kann man wohl mit Wahrscheinlichkeit vermuthen, dass der Codex einmal die ganze Sammlung umfasste, deren grösserer Theil aber leider mit den letzten Blättern verloren ging. Wir geben nun die Abschrift dieses Bruchstückes, indem wir zur leichteren Übersicht den einzelnen Versen die Nummern der Ribbeck'schen Ausgabe beifügen.

fol. 91, a Alienum est quicquid optando euenit. Syri inc. fab. 4.
Animus qui scit uereri scit tuta ingredi. 32.
Amor animi qui arbitrio sumitur, non ponitur. 24.
Ad tristem partem strennua suspitio. 6.
Aspicere oportet quod possis perdere. 120.
Alienum homini ingenuo acerba est seruitus. 10.
Amans iratus multa mentitur sibi. 11.
Amans quid cupiat scit quid sapiat non uidet. 13.
Ad calamitatem quilibet rumor ualet. 4.
Ab amante lacrimis redimes iracundiam. 2.
Auarum facile cupias ubi non sis idem. 36.
Auarus nisi cum moritur nil recte facit. 39.
Auarus dampno potius quam sapiens dolet. 561.
Animo dolenti nihil oportet credere. 29.
Amare iuueni fructus est, crimen seni. 17.
Amoris uulnus idem qui sanat facit. 26.
Aleator quantum in arte est, tanto est nequior. 502.
Auidum esse oportet neminem nisi senem. 41.
Amantium ira amoris integratio est. Ter. Andr. 555.
Amans sicut fax agitando magis ardescit. 12.

Amori imperabit sapiens, stultus seruiet. 30.
Ab alio expectes alteri quod feceris. 1.
Auxilia humana firmus consensus facit. 43.
Aut amat aut odit mulier nihil est certum. 42.
Ames parentem, si aequus est; si aliter feras. 18.
Amici uitia nisi feras facis tua. 21.
Absentem ledit cum ebrio qui litigat. 3.
Auarus ipse miseriae causa est suae. 38.
Amans quod suspicatur uigilans somniat. 14.
Amor extorqueri non pote sed elabi pote. 25.
Aperte mala cum est mulier, tum demum est bona. 34.
Amare sapere uix a deo conceditur. 16.
Astute crines cum celantur aetas indicatur. 559.
Auaro quid mali optes nisi ut uiuat diu. 35.
Ad penitendum properat cito qui iudicat. 5.
Amor otiosae causa sollicitudinis. 554.
Animo uirum pudicae, non oculo eligunt. 31.
Amantis ius iurandum paenam non habet. 15.
Amor ut lacrima ab oculis oritur, in pectus cadit. 28.
Amicum an nomen habeas aperit calamitas. 22.
Amori finem tempus, non animus facit. 553.
Bis est gratum, quod opus est, si ultro sit datum. 61.
Bonarum rerum nimia consuetudo pessima est. 70.
Bona nemini ora est, ut non alicui mala. 69.
Beneficia plura recipit qui scit reddere. 47.
Bonus animus lesus multo grauius irascitur. 78.
Beneficium dando accepit qui digno dederit. 50.
Bonus animus numquam errandi obsequium accommodat. 63 (vgl. n. 54).
Beneficium sepe dare est docere reddere. 54.
Bonitatis uerba imitari malicia maior est. 73.
Bonum quod est supprimitur, nequaquam extinguitur. 77.
Beneficium qui dare nescit iniuste petit. 51.
Bis mori est alterius arbitrio mori. 60.
Bis peccas cum peccō obsequium accommodas. 63 (vgl. n. 48).
Bona mors est homini uitae quae extinguit mala. 68.
Blandicia, non imperio fit dulcis uenus. 65.

Beneficium qui dedisse se dicit petit. 53.
Beniuoli conuinctio animi maxima est cognatio. 503.
Bona opinio hominum tutior pecunia. (Orelli 96.)
Bis uincit qui se in uictoria uincit. 64.
fol. 91. b. Benignus etiam dandi causam cogitat. 59.
Bene dormit qui non sentit quod male dormiat. 45.
Bona fama in tenebris proprium splendorem obtinet. 67.
Bona cogitata sic excedunt non occiduint. 44.
Bona imperancia pecunia est. 562.
Breue amans est ipsa memoria iracundiae. 79.
Bona comparat praesidia misericordia. 66.
Breuis ipsa uita, sed malis fit longior. 80.
Beneficia donari aut mali aut stulti putant. 46.
Bis uixit is, qui potuit cum uoluit mori. 87.
Bis interimitur qui suis armis perit. 62.
Bonum est fugienda aspicere in alieno malo. 76.
Bene perdit nummos iuditium qui dat nocens. 56.
Bona quae ueniunt nisi sustineantur cadunt ut opprimant. 563.
Bonum ad uirum cito moritur iracundia. 565.
Bona est turpitudo quae periclum uindicat. 71.
Beneficium dignis ubi des, omnes obliges. 52.
Bonum est fugienda aspicere in alieno malo. 76.
Bene perdas gaudium, ubi dolor pariter perit. 55.
Bene audire alterum patrimonium est. (Vgl. Orelli 283.)
Consueta uita ferri non reprendimus. 92.
Crudelis in re aduersa obiurgatio. 99.
Cui semper dederis ubi neges rapere imperes. 105.
Cuius mortem amici expectant, uitam ciues oderunt. 779.
Citius uenit periclum, cum contempnitur. 88.
Cuiuis dolori est remedium patiencia. 106.
Cum uitia prosunt, peccat qui recte facit. 110.
Contumelia amici nullius inuenit linguae preces. 504.
Contempni est grauius quam stulticia percuti. 574.
Comes facundus in uia pro uehiculo est. 91.
Crudelem medicum intemperans eger facit. 98 (vgl. n. 100).
Contra inprudentem stulta est nimia ingenuitas. 94.
Consiliis iuniorum multi se docti explicant. 573.
Cui omnes possi dicunt, benedet populi bona. 103.

Crudelis lacrimis pascitur, non frangitur. 100.
Caret periculo, qui etiam, cum est tutus, cauet. 82.
Cicatrix conscientiae pro uulnere est. 87.
Caue amicum credas, nisi quem probaueris. 85.
Cauendi nulla est dimittenda occasio. 567.
Crudelem medicum intemperans facit. 98 (vgl. n. 91).
Cum inimico nemo tute in gratiam redit. 109.
Casta ad uirum matrona parendo imperat. 83.
Consilio melius uincas quam iracundia. 572.
Cottidie dampnatur qui semper timet. 95.
Cito inproborum laeta ad perniciem cadunt. 90.
Crimen relinquit uitae qui mortem appetit. 97.
Cogas amantem irasci, amare si uelis. 569.
Crudelis est, non fortis, qui infantem necat. 575.
Caue ne quicquid incipias quod post peniteat. 86.
Cui nolis sepe irasci, irascaris semel. 101.
Caeci sunt oculi, cum alius (corr. animus) res alias facit. 81.
Cum amas, non sapias, aut cum sapias, non ames. 107.
Cunctis potest accedere, quod cuiuis potest. Syr. inc. fab. 3.
Contra felicem uix deus uires (am Ende eine rasura). 93.